100 misterios sin resolver

• *Colección Cien × 100 — 11* •

100 misterios sin resolver

Del código secreto de la Biblia a la quimérica fusión fría

José María Íñigo
David Zurdo

ediciones Lectio

Primera edición: febrero de 2014

© de la edición:
9 Grupo Editorial
Lectio Ediciones
C/ Muntaner 200, ático 8ª • 08036 Barcelona
Tel. 977 60 25 91 - 93 363 08 23
lectio@lectio.es
www.lectio.es

Diseño y composición: Imatge-9, SL

Impresión: Romanyà-Valls, SA

ISBN: 978-84-16012-06-0

DL T 114-2014

ÍNDICE

INTRODUCCIÓN. LOS INICIOS DEL MISTERIO EN TV

Allá por los años 70 del pasado siglo, el primero en llevar los misterios a la televisión española fue José María Íñigo en sus programas *Estudio Abierto* y *Directísimo*. En la memoria de todos —incluso los que eran muy pequeños entonces o no habían nacido— están las imágenes de Uri Geller doblando cucharas y haciendo que los viejos relojes funcionaran de nuevo. Hace un tiempo, David Zurdo entrevistó a Íñigo para la revista *Más Allá de la Ciencia*, bandera del periodismo del misterio en nuestro país, fundada en su día por el doctor Jiménez del Oso y dirigida, entre otros, por el laureado escritor y periodista Javier Sierra.

—¿Cómo se le ocurrió llevar el misterio a la TV de los 70? ¿Es algo que le interesaba ya desde antes?

—Lo desconocido, lo que escapa a nuestra capacidad de comprensión, siempre ha sido tema de interés. El ser humano es curioso por naturaleza. Y esos ingredientes fueron siempre para mí —y para el público— motivo de interés en mis programas.

—¿Tuvo algún problema con la censura de la época?

—No, nunca tuve ningún problema con la censura de la época, y eso que había siempre un censor en el plató, atento a lo que se emitía. A la censura sólo le importaban los temas políticos y morales: nada de opinión política y menos de escotes, muslos, etc. Del resto pasaban, así que nunca se metieron en los temas más «misteriosos».

—No se asuste, no vamos a hablar de Uri Geller. Es algo demasiado conocido. Pero él fue sólo uno de sus muchos invitados con, digamos, «habilidades enigmáticas», ¿no es así?

—La aparición de Uri Geller fue una de las emisiones míticas de TVE en aquellos años. La controversia todavía perdura después de casi 40 años. Si sólo fueran «habilidades enigmáticas», como dice, Uri Geller no habría alcanzado el grado de fama y notoriedad que ha alcanzado en todo el mundo a lo largo de los años, y hasta hoy. No se puede engañar a toda la gente todo el tiempo.

—¿Es verdad que se puede hacer crecer a una planta varios centímetros en cuestión de minutos?

—Así lo hacía y lo hizo en nuestro estudio un británico llamado Mathew Hennings. Y lo hizo con una planta que nosotros compramos, que tuvimos escondida, que él nunca tocó con sus manos y a una distancia de unos dos metros. Lo vieron en directo millones de atónitos espectadores en TVE.

—Usted ha llegado a crucificar a un hombre en directo y delante de las cámaras. ¿Cómo fue?

—Fue a un filipino, Tamao, que ya utilizaba esas prácticas en su país por Semana Santa, donde, al parecer, lo hacen muchas personas. Pero este personaje también era capaz de aguantar la respiración más de una hora. En nuestro estudio, y bajo dos toneladas de tierra, aguantó más de 30 minutos. Hasta que yo di órdenes de que lo desenterraran por temor a una desgracia. Afortunadamente, Tamao estaba en perfecto estado de salud después de la prueba.

—¿Qué hizo el famoso padre Pilón en uno de sus programas?

—Desmanteló a los falsos cirujanos filipinos, aquellos que «operaban» con sus dedos abriendo el cuerpo de sus pacientes para extirparles los órganos enfermos, sin anestesia ni instrumental quirúrgico alguno. El padre Pilón lo hizo en el plató, demostrando que todo es un montaje y que la sangre y vísceras no son humanas, sino de animales. Fue curioso comprar tripas y sangre de pollo para hacer la prueba.

—Creo que tiene usted una curiosa experiencia con el boxeador Urtain. ¿Puede contárnosla?

—De nuevo Tamao, que aseguraba que podía insensibilizar su cuerpo al dolor. Se prestó a que Urtain, el famoso campeón de boxeo, le golpeara en su barriga con todas sus fuerzas. Al principio, Urtain le golpeó con temor. Creía que podía «desgraciarlo». Después de dos intentos, con varias personas sujetando a Tamao, lo hizo a conciencia. Logró desplazarle varios metros con sus golpes —a él y al resto de personas que estaban por detrás—, pero Tamao no exclamó ni un mínimo «ay» ni padeció la menor lesión física. Fue impactante, nunca mejor dicho.

—*He dejado para el final lo más increíble de todo: usted conoció a un hombre que decía ser el mismísimo conde de Saint-Germain. ¿Cómo llegó hasta él?*

—Llegué al autodenominado conde de Saint-Germain a través de un reportaje en un periódico regional francés. Me interesó su historia y fui a visitarlo a París, a su casa, donde tuvimos una interesante charla y algún experimento realmente sorprendente. Me acompañó el premio Planeta Jesús Torbado, que fue testigo de todo lo que pasó.

—*¿Fue capaz ese supuesto conde de Saint-Germain de transmutar el plomo en oro?*

—Primero lo hizo en su casa de París, aunque realmente lo hice yo siguiendo sus instrucciones, y lo volví a hacer en TVE ante millones de espectadores. Junto a mí, estuvieron varios joyeros y doctores en química como jueces de lo que estaba sucediendo. Yo mismo compré una plancha de plomo, la firmé con un punzón y la tuve guardada todo el tiempo. El proceso fue de lo más sencillo, con un líquido que tuve que verter en un recipiente al fuego. Aunque parezca inverosímil, el plomo se convirtió poco a poco en oro. Sin duda alguna. Lo verificaron todos los allí presentes, aunque, a la vez, decían que era imposible. El viejo sueño de los alquimistas… ¡La piedra filosofal!

»También aseguraba poseer una sustancia que podía devolver la vida a un cuerpo muerto durante unos minutos. Me mostró un documento que lo acreditaba, en un ensayo llevado a cabo con un perro en el prestigioso Instituto Pasteur. Por desgracia, el artífice de estos «milagros» no pudo aprovecharse de su «elixir de la vida», ya que falleció poco después. Dicen que se suicidó con una escopeta que, tanto Torbado como yo, vimos en su casa de París. De cualquier modo se llevó su secreto a la tumba. ¿O quizá no?

01 / 100

EL CÓDIGO SECRETO DE LA BIBLIA

En 1994, la noticia del asesinato, por parte de un sionista radical, del primer ministro israelí Isaac Rabin conmocionó a la opinión pública mundial. Pocos sabían entonces que esa muerte había sido vaticinada por la Biblia, según su análisis, a través de un complejo programa informático.

Dos de las personas que sí lo sabían eran el matemático Eliyahu Rips y el periodista Michael Drosnin. El primero, un profesor de la Universidad de Jerusalén, había sido artífice de la aplicación informática capaz de recolocar todas las letras hebreas de la Torah (el Pentateuco cristiano, o cinco primeros libros de la Biblia) y de buscar en ellas palabras cruzadas, mensajes en clave con información del pasado, el presente y el futuro, en una especie de «sopa de letras». Algo que los antiguos cabalistas, e incluso el gran Isaac Newton —a lo que dedicó más tiempo y esfuerzos que a sus investigaciones científicas—, habían intentado sin éxito.

El neoyorquino de origen judío Michael Drosnin se encargó de darlo a conocer tras la muerte de Rabin. En vano, él y Rips habían tratado de advertir al primer ministro de la amenaza contra su vida por medio de un poeta amigo suyo. Quizá el destino sea ineludible, y Rabin hizo caso omiso del mensaje que, entrecruzado en los viejos caracteres hebreos, anunciaba su asesinato e incluso el nombre de su asesino.

A partir de ahí, el código secreto de la Biblia se convirtió en un fenómeno mundial. Todos querían conocer los mensajes que aparecían cifrados en un texto escrito hace más de dos mil años, a través de una supuesta inspiración divina. Aparecieron defensores y detractores, muy laureados en ambos casos. La cuestión es que las algo más de trescientas mil letras de la Torah son una muestra relativamente pequeña para que estadísticamente estos mensajes resulten completamente casuales. Matemáticos de todo el mundo —con el premio Nobel de economía Robert J. Aumann a la cabeza— han admitido lo sorprendente del fenómeno, que hasta ahora no ha sido más que verificado en una mínima parte.

Pero, a pesar de los aciertos, el código también ha fallado estrepitosamente en algunas de sus predicciones, relacionadas con guerras en Oriente Próximo, el uso de ingenios atómicos por parte de naciones no alineadas, desastres naturales, etc. Los defensores aducen que el programa informático de Rips es sólo una aproximación, y no un sistema perfecto de búsqueda de mensajes cifrados. Como en todo código secreto, el de la Biblia requiere una clave que haga posible su descifrado. Hasta ahora se han realizado, sin éxito, algunos intentos de buscar o deducir esa clave, por medio de transformaciones matemáticas de todo tipo. En cualquier caso, si un ser supremo introdujo en el Libro de los Libros toda la información de todos los tiempos de la humanidad, no parece lógico que nos lo pusiera fácil...

02 / 100

LA BOMBA ATÓMICA ESPAÑOLA

El 6 de agosto de 1945 se hizo patente el inmenso poder del átomo. Toda una ciudad, Hiroshima, quedó arrasada por un ingenio atómico. Pocos días después, Nagasaki correría una suerte similar. Ambas bombas habían sido desarrolladas en el célebre Proyecto Manhattan, en el estado norteamericano de Nuevo México.

A partir de entonces, la carrera por poseer la bomba atómica llevó a las grandes potencias a desarrollarla en pocos años. La Unión Soviética fue la primera en unirse al funesto y selecto club. Después lo hicieron Francia, el Reino Unido, China, India, Israel, Pakistán, Corea del Norte… Pero muy pocos saben que la España de Franco estuvo a punto de fabricar la bomba, cuyos primeros pasos se dieron en 1958. En ese año fue construido el primer reactor nuclear experimental, llamado Coral 1, en las instalaciones de la antigua Junta de Energía Nuclear (JEN), hoy Centro de Investigaciones Energéticas, Medioambientales y Tecnológicas (CIEMAT).

España había salido del aislamiento internacional y contaba con las segundas mayores reservas de uranio de Europa. Sin embargo, la tecnología necesaria para crear un ingenio nuclear no podía conseguirse, por razones obvias, desde el exterior. El primer estudio serio sobre la viabilidad del proyecto fue llevado a cabo en 1963. El director de la JEN, José María Otero Navascués, encargó al doctor en física Guillermo Velarde que acometiera el desarrollo de un diseño efectivo.

Sus conclusiones fueron tajantes: España, por sí sola, no podía fabricar la bomba.

Pero un golpe de suerte para el gobierno franquista hizo que esa falta de tecnología se solucionara de un modo inesperado. En el célebre episodio de Palomares (Almería), España recuperó y estudió algunos restos de las cuatro bombas nucleares perdidas por un avión militar norteamericano.

A principios de la década de los setenta, según un informe del Centro Superior de Estudios de la Defensa Nacional, España disponía al fin de la tecnología y el plutonio para fabricar la bomba atómica. Incluso llegó a existir un programa secreto, aprobado en 1971 y con un presupuesto de 8.700 millones de las antiguas pesetas, para realizar el primer ensayo nuclear en el protectorado del Sahara.

Sin embargo, España nunca fabricó la bomba atómica. En 1973, los foros internacionales discutieron la conveniencia de que España poseyera ingenios nucleares. Las presiones de Estados Unidos no sirvieron para disuadir al gobierno de Franco de seguir adelante con el proyecto. Pero en diciembre de ese mismo año, el presidente del Gobierno, Luis Carrero Blanco, era asesinado. Oficialmente se trató de un atentado de ETA, en lo que se denominó Operación Ogro. Algunos no creen esa versión.

Meses después del asesinato, un informe secreto de la CIA reconoció que España era capaz de fabricar la bomba atómica. Ni siquiera la muerte de Franco frenó esa decisión. A principios de 1976, el presidente del Gobierno, Carlos Arias Navarro, aprobó la construcción de la bomba en las instalaciones del Centro de Investigación Nuclear de Soria (CINSO). La única debilidad del proyecto estaba en el refinamiento del uranio, imprescindible para hacer funcionar las centrales nucleares. España no disponía de instalaciones propias, capaces de ese proceso, y dependía del exterior. Las amenazas internacionales de frenar la producción eléctrica nuclear española hicieron que, al fin, se desistiera del proyecto en 1977.

03 / 100

LAS PROFECÍAS DE LOS INDIOS NORTEAMERICANOS

Los indios hopi, herederos de los míticos anazasi, dividen el tiempo en mundos. El nuestro es el Cuarto Mundo, de un total de siete, y podría llegar a su fin en estos tiempos. El Primer Mundo se inició cuando el Gran Espíritu creó a los seres humanos y les dio la Tierra. Pero, cuando éstos se apartaron de su senda, el Gran Espíritu condujo a los suyos a lo más profundo del Gran Cañón y destruyó al resto a fuego y gases tóxicos, mediante erupciones volcánicas.

El Segundo Mundo duró más que el primero. Se inició con los supervivientes del Primer Mundo, que aprendieron la lección, pero no lo suficiente, ya que volvieron a alejarse del Gran Espíritu. En esta ocasión, la destrucción de los «desviados» se debió al hielo, y quedaron menos supervivientes que en el Primer Mundo. Aunque los que se salvaron medraron rápidamente en el Tercer Mundo y se extendieron por toda la Tierra, volvieron a ser destruidos, esta vez por gigantescas tormentas (¿el Diluvio Universal?).

Al Tercer Mundo le sucedió el siguiente período, el nuestro, en el que el ser humano se desarrolló hasta nuestros días. Un tiempo de avances y tecnología que, en muchos casos —como el de las armas de destrucción masiva—, una vez más no agrada al Gran Espíritu. La destrucción del Cuarto Mundo se deberá a la acción conjunta de los cuatro elementos (terremotos, erupciones, tormentas e inundaciones) y se supone inminente, aunque algunos humanos sobrevivirán en modernos sistemas de estasis, quizá criogénica.

En las antiguas «piedras proféticas», los hopi predijeron la aparición de los conquistadores occidentales: «Llegarán hombres montados en extraños animales, que tirarán de cajas» (los europeos y sus carros). También los trenes o los coches: «Algún día las cajas se moverán por sí mismas.» Los cables del telégrafo o el teléfono: «Se verán telas de araña en el cielo que servirán a las personas para hablar entre ellas.» La II Guerra Mundial: «Dos potencias sacudirán la Tierra […] El símbolo de una será el sol naciente y de la otra el signo de las cuatro direcciones.» La bomba de Hiroshima: «Una potencia arrojará una calabaza de cenizas desde el cielo que hará hervir las aguas y matará a los peces.». E incluso la llegada del Apolo XI a nuestro satélite: «Llegará el día en que el águila caminará sobre la Luna.»

También los apaches tienen sus profecías. A principios del siglo XX, el anciano Lobo Acechante predijo la destrucción de la humanidad. Ésta vendría anunciada por cuatro signos, que pueden servir para evitar la «purificación» si se comprenden a tiempo y se endereza el comportamiento humano. En sus visiones, Lobo Acechante presenciaba una terrible hambruna en África y la extensión de una plaga que nacería en los monos, y que claramente hace referencia al sida (primer signo); luego veía unos amenazadores agujeros en el cielo, que pueden asimilarse a los de la capa de ozono o a las fracturas en el escudo magnético terrestre, anunciadas recientemente por la NASA (segundo signo); más tarde el cielo mismo se volverá rojo sobre toda la Tierra, tanto de día como de noche (tercer signo), y, por fin, el hombre matará al hombre, el agua escaseará, morirán los animales y los cultivos, habrá canibalismo y las obras humanas serán reducidas a ruinas por la ira del Gran Espíritu, y así la Tierra se curará del hombre. Si se llega a la cuarta señal, sólo sobrevivirán quienes estén en contacto con la tierra y vivan como nómadas.

El tercer signo aún no se ha cumplido, pero podría tratarse de la gran tormenta solar anunciada por los astrónomos para los próximos años, y que podría destruir los sistemas electrónicos y de comunicaciones mundiales. En un escenario como éste, la humanidad podría retornar a una nueva Edad Media, pero con una población mucho mayor y sin recursos suficientes ni la tecnología para mantenerse.

De 60 millones, después del exterminio quedaron 800.000 indios.

04 / 100

LA FUENTE DE LA ETERNA JUVENTUD

El 3 de abril de 1513, más de veinte años después de que Colón descubriera oficialmente América, un conquistador español pisó por primera vez el Nuevo Continente. Juan Ponce de León debió de mirar a aquellas tierras desconocidas, que su mera presencia convertía en territorios para su rey y en sus propios dominios, al igual que las islas que su expedición de tres carabelas había descubierto al norte de las actuales Bahamas. De hecho, Ponce de León pensó que era una isla más. La llamó Florida, porque ese día era el de la Pascua Florida o Domingo de Resurrección.

Hasta allí lo habían llevado las intrigas del virrey de las Indias, Diego, hijo de Cristóbal Colón, que habían logrado apartar a Ponce de León de su cargo de gobernador de Puerto Rico. Él mismo tuvo que costear los navíos y su tripulación, a cambio de convertirse en dueño y señor de las tierras que descubriera, sin la interferencia del virrey. Por encima de todo esperaba encontrar oro. Y quizá también algo aún más preciado, una fuente milagrosa de la que había oído contar historias a los nativos de Puerto Rico y de las nuevas islas de las que había tomado posesión. Según el cronista Gonzalo Fernández de Oviedo, los indios inflamaron la imaginación de los españoles con la leyenda de esa agua que «hacía rejuvenecer y volver mancebos a los hombres viejos».

A comienzos del siglo XVI no era nuevo creer en la existencia de una fuente de la que brotaba el agua de la vida y que ofrecía la eterna juventud o la inmortalidad. Tres mil quinientos años antes de Cristo, varios pueblos de la Antigüedad se esforzaban ya en mantenerse jóvenes y ser más longevos. Y en algún momento surgió el mito. En el

Libro III de su *Historia*, el sabio griego Heródoto habla de Hereon, un rey etíope del siglo VI a. C. que afirmó ante unos embajadores persas —espías, en realidad— que la mayoría de los de su reino llegaban a vivir ciento veinte años. El secreto de tal longevidad parecía ser una fuente prodigiosa, en cuyas aguas nada conseguía flotar y que desprendía un olor a violetas. A los propios embajadores se les permitió sumergirse en ella y probar en sus carnes su efecto rejuvenecedor.

Según varios relatos más o menos fantasiosos, el mismo Alejandro Magno buscó el agua de la vida al norte de la India. Y, a diferencia de Ponce de León, sí tuvo éxito en tan improbable empresa. Siguiendo el consejo de unos sabios ancianos, llevaba consigo en su expedición pescado seco, conservado en sal, que el cocinero del gran conquistador sumergía en todas las fuentes por las que pasaban. La leyenda cuenta que uno de los pescados revivió y huyó nadando al ser sumergido en una fuente con la que se toparon. Aquel era el signo que, según los ancianos, debían esperar del agua milagrosa. No obstante, Alejandro Magno no consiguió sumergirse en ella y ganar así la vida eterna.

05 / 100

EL «IMPOSIBLE» MAPA DE PIRI REIS

Piri Muhyi 'l Din Re'is, más conocido como Piri Reis, fue un almirante turco y aventurero del siglo XVI que cultivó las letras y la ciencia cartográfica. Es famoso en nuestro tiempo por el mapa al que damos su nombre. Hoy este mapa (un fragmento, hecho en piel de gacela) se encuentra en el Palacio-Museo Topkapi de Estambul. Procede de una mezcolanza bastante deslavazada y variopinta de otros mapas, reducidos con no mucho acierto a la misma escala, y está fechado en 1513, es decir, veintiún años después del descubrimiento oficial de las tierras a las que hoy llamamos América.

Lo más interesante y desconcertante del mapa, dedicado a Solimán el Magnífico y denominado por el mismo Piri Reis «Mapa de Colón», está en que se muestran zonas aún no descubiertas en 1513, como las islas Malvinas, costas inexploradas con una cartografía muy exacta o la aún desconocida cordillera de los Andes; y lo más misterioso: regiones de la Antártida que están ocultas por el hielo hoy día y desde hace al menos diez mil años. Aunque quizá aún por encima, si todo lo anterior no es bastante, es que en este mapa se dice literalmente de las tierras americanas que «fueron descubiertas en el año 890 de la hégira —1485 en el calendario cristiano— por un genovés infiel, de nombre Colón, que fue quien encontró estos lugares». Por todo ello el mapa de Piri Reis constituye un gran enigma para la historia y la ciencia.

Diversos textos del mapa están escritos sobre él en turco con grafía árabe. Algunos resultan curiosos y sorprendentes. Los más reveladores son éstos:

«Estas costas son llamadas Playas de las Antillas. Fueron descubiertas en el año 890 [es decir, 1485 en el calendario cristiano, lo cual es ¿imposible?]. Se cuenta que un genovés infiel, de nombre Colón, fue quien encontró estos lugares. Es sabido que en manos de Colón hubo un libro en el que se afirmaba que, al final del Mar de Occidente [el océano Atlántico], había costas y archipiélagos, y toda variedad de metales y piedras preciosas.»

06 / 100

EL ENIGMA DE LA CONCIENCIA HUMANA

Se dice que el cerebro humano es más complejo que toda una galaxia. Y es cierto. Aunque solamente si esa galaxia no contiene cerebros humanos, como la nuestra. Sin embargo, ello da una idea de lo increíble que es el kilo y medio de materia gris que todos llevamos dentro de nuestras cabezas. La ciencia ha dado pasos de gigante en muchas áreas, y también en la del conocimiento del cerebro humano, como no podía ser de otro modo.

Tratar de comprenderse a sí mismo es, quizá, la pretensión más inteligente de un ser inteligente. «¿Qué soy?» es la primera de las preguntas de autoconocimiento y también es la más compleja de responder. No trataremos de hacerlo aquí, ya que ni siquiera los científicos y filósofos más eminentes han conseguido dar una explicación plenamente satisfactoria. Pero sí nos aproximaremos al misterio del cerebro y la mente de los seres humanos.

La mente sustenta nuestra conciencia. Y lo hace de un modo muy curioso. Nuestra percepción de la realidad está indisolublemente ligada a ella. Experimentamos el avance del tiempo, al igual que un reloj, pero mientras éste lo mide de un modo constante, para nosotros a veces se mueve más rápido y otras veces más lento. Es la mente la que cambia esa percepción según la vivencia concreta. Diez segundos de terrible dolor pueden parecer más largos que las dos horas de una buena película.

Más allá de esto, la mente, que nos sirve para comprender el mundo y hacernos un modelo de él, limita también nuestra capacidad de comprender ciertos aspectos de la realidad. Por así decirlo, somos experimentadores dentro de la probeta de experimentación. Es impensable un color que nuestros sentidos (la vista, en este caso) no hayan captado. Igualmente, no podemos imaginar cómo sería disponer de una inteligencia cien veces superior. Como los perros, que no son conscientes de su tamaño, los seres humanos no somos conscientes de nuestra capacidad. Establecemos modelos y comparaciones, aunque no dejan de ser eso: métodos relativos que no pueden aportarnos una completa objetividad.

A este respecto, hay algo que desde siempre ha sumido al ser humano en una terrible duda. A la vez, se trata de una de las preguntas más importantes, porque tiene que ver con nuestra esencia misma. Hablamos de la trascendencia. Del alma inmortal por encima del cuerpo que se extingue. Para muchos, desde hace siglos, se trata únicamente de una ilusión creada por la mente; una fantasía que nos permite sobrellevar el miedo a la muerte.

Pero, ¿acaso podríamos saber si el alma existe? Empecemos por algunos de sus atributos. Si fuera real, nuestra conciencia debería estar sustentada en ella, en lugar de en el cerebro. De hecho, éste se destruye con la muerte, como el resto de la materia que nos compone, que se transforma en humus o ceniza. El alma, además, debe sustentar igualmente nuestra voluntad y todo aquello que nos hace humanos y nos diferencia del resto de seres vivos del planeta Tierra. Ahora bien, todo intento de detectar o «medir» el alma ha sido vano. Ha quedado en el terreno de la fe, y eso no es ninguna novedad. A pesar de cuestiones tan controvertidas e inquietantes como los viejos estudios de moribundos que, en el mismo momento de expirar, reducían su peso corporal en los famosos 21 gramos que algunos han atribuido al alma.

En cualquier caso, la física materialista nos dice que somos entidades formadas por materia y solamente por materia. Todo sistema físico material está sujeto a las leyes que lo rigen todo en el Universo. Si sube la temperatura, mi cuerpo se calienta. Si aumenta la presión, mi cuerpo se aplasta. Si una fuerza actúa sobre mí, mi cuerpo se mueve. Me afectan la gravedad, la electricidad, los procesos químicos, etc. Según esta visión materialista, llevada al terreno radical, sólo soy una especie de máquina biológica que tiene conciencia, y eso le hace crearse ilusión de voluntad y libertad.

Habrá que esperar para descubrir la verdad última... quizá a la misma muerte.

07 / 100

LA MEMORIA DEL AGUA

Hace ya algunos años, un japonés llamado Masaru Emoto lanzó al mundo una curiosa teoría: que el agua podía verse influida por la conciencia humana a través de las delicadas energías que emanan de los seres vivientes. Emoto inició sus estudios partiendo de la base de que el agua —de la que estamos compuestos en un 70% y que es imprescindible para la vida— cambiaba de estructura molecular según si recibía buenas o malas «vibraciones», ya fueran éstas físicas o psíquicas. Dicho de otro modo: si al agua se le transmite amor, se la envuelve de sonidos armoniosos, o sencillamente se halla en un entorno positivo, su estructura molecular será más ordenada y hermosa. Esto, en definitiva, nos afectará a nosotros, según Emoto, al ingerirla o utilizarla de cualquier modo.

Para demostrar que tenía razón en sus apreciaciones, Emoto se valió de un microscopio con el que visualizar los cristales que forman los diversos tipos de agua cuando se congelan. Estos cristales debían ser distintos según los estímulos a los que el agua hubiera sido sometida.

Sin embargo, no deberíamos asumir ciertas cuestiones dándolas por hecho simplemente. Por ejemplo, el que una molécula tenga o no una forma «hermosa» a los ojos humanos no significa necesariamente que sea hermosa y equilibrada desde un punto de vista universal. O que el arroz se pudra en un tarro al que se critica, maldice e insulta, mientras que se mantiene lozano en otro tarro al que se transmiten cariño y buenas palabras, no implica que una cosa sea mejor que la otra. La descomposición es un proceso natural y necesario. ¿Qué es más importante: mantenerse o cambiar?

No parece haber una base científica para las afirmaciones de Masaru Emoto. Sin embargo, hay hechos constatables y que parecen influir en la configuración de los cristales de hielo (como la música, por ejemplo). Las variaciones de presión, temperatura, iluminación, etc., en que se efectúa una experiencia pueden influir en el resultado de la misma, aunque nos parezcan variaciones de poca importancia. Sólo pueden influir factores físicos. Lo que sí queda abierto es la posibilidad de que esos factores físicos se deban a cuestiones que aún no comprendemos, pero que son tan reales como una roca. Las ondas de radio no se ven y sin embargo existen, por citar un caso conocido por todos.

Por supuesto, las vibraciones sonoras que alcanzan el agua sí son una alteración física. En este sentido, el agua sometida a una música o una voz recibe energía y se ve sometida a una influencia. Pero no está claro que esa influencia pueda quedar «memorizada» en el agua. En la actualidad todavía hay muchos fenómenos a los que no sabemos dar explicación. Desde su punto de vista científico y materialista, lo paranormal es un simple reducto de esa realidad que desconocemos.

08 / 100

LA AMENAZA DEL INTERIOR DE LA TIERRA

En los últimos tiempos, grandes huracanes o tifones, tsunamis y, sobre todo, terremotos han arrasado vastas regiones de nuestro planeta. La percepción generalizada es que algo está pasando en la Tierra. Las fuerzas de la naturaleza parecen haber desatado —y cada vez más— su furia. Por un lado, sobre nuestras cabezas, con el cambio climático, y, por otro, bajo nuestros pies. Pero aquí vamos a centrarnos en la amenaza que viene del interior de la Tierra, de los terremotos y la influencia en ellos del núcleo. Una región de nuestro planeta que favorece la vida en la superficie, pero que quizá, algún día, pueda convertirse también en causa de su destrucción.

La edad de la Tierra se ha estimado en 4.650 millones de años. Su nacimiento comenzó con la condensación de materiales disgregados, libres en el espacio: gas y polvo cósmico que comenzaron a interactuar gravitatoriamente y a unirse. Los elementos más pesados fueron hundiéndose hacia el interior. Cuando hubo suficiente material, las fuerzas gravitacionales provocaron que el conjunto se fundiera. Con el tiempo, la corteza se endureció. El núcleo sigue fundido parcialmente y rotando a distinta velocidad que el conjunto. Su composición global es de metales pesados, básicamente hierro y níquel. De ahí que el planeta se comporte como un gigantesco imán. Ello genera un campo magnético que nos protege de las partículas de altas energías que forman los vientos solares, ya que las desvía de nosotros, favoreció la navegación gracias al empleo de brújulas, y permite a muchos animales —como las aves— orientarse en sus migraciones.

El núcleo está dividido en dos partes diferenciadas. El núcleo externo es líquido y tiene un grosor de dos mil doscientos kilómetros.

El núcleo interno, una gigantesca esfera de casi mil trescientos kilómetros de radio, es sólido, y su temperatura casi la misma que la de la superficie del Sol, de unos 6.600 a 6.700 grados centígrados. La inercia del núcleo es inmensa. Gira algo más rápido que el resto del planeta, además de irradiar calor hacia la superficie, lo que provoca corrientes de convección en el manto y, a la postre, erupciones volcánicas y movimientos sísmicos.

Cuando se habla de mareas, todo el mundo piensa en las que afectan a los mares y océanos, en general a las masas líquidas que cubren siete décimas partes de la superficie de nuestro planeta. Pero también la tierra firme se ve afectada por la atracción gravitatoria de la Luna y el Sol, y en menor medida de otros cuerpos del Sistema Solar. En España, en un solo día, el suelo que pisamos puede llegar a variar unos quince centímetros en su altitud. En momentos de máxima marea, por ejemplo en la conjunción de Sol y Luna, con ésta en su perigeo —punto más cercano a la Tierra de su órbita—, se ha observado un incremento en la frecuencia de terremotos. Al parecer, no todas las fallas son sensibles a las mareas terrestres, sino sólo algunas según su configuración específica. Pero es un hecho que existe una cierta correlación entre los grandes sismos y las mareas terrestres.

Por otra parte, hay que considerar un elemento más que afecta a esa clase de mareas: el núcleo. La rotación del núcleo no es completamente solidaria a la del planeta en su conjunto. Como se ha dicho, el núcleo gira algo más rápido que la corteza, y además no es homogéneo del todo en su composición. Ello provoca «picos de marea» por efecto de la gravedad del núcleo, que también se relacionan con las catástrofes planetarias; sobre todo, al unir su fuerza con las de atracción gravitatoria lunisolar. El estudio de estos datos ha llevado a un buen número de científicos a tratar de establecer un sistema de predicción sísmica efectivo, que pueda alertar no ya de que un terremoto se va a producir, pero al menos de que el riesgo es superior al normal. Y eso, teniendo en cuenta la gigantesca potencia destructiva de la naturaleza, podría ser mucho.

09 / 100

COMBUSTIONES ESPONTÁNEAS EN UN PUEBLO ESPAÑOL

El fenómeno conocido como «combustión espontánea» es uno de los casos favoritos para los investigadores de lo paranormal. Por eso sorprende que, en los años cuarenta del pasado siglo, el Instituto Geográfico y Catastral —embrión del moderno Instituto Geográfico Nacional— investigara científicamente los incendios inmotivados que asolaron el pueblo almeriense de Laroya. El resultado fue un libro de 190 páginas, en una investigación dirigida por el ingeniero geógrafo José Cubillo Fluiters.

Los fenómenos de Laroya: bajo este título fue editado en 1946 el informe de los fuegos acaecidos en el pueblo almeriense durante el mes de junio de 1945. Este informe lleva por subtítulo algo muy esclarecedor: «Estudio sobre la posibilidad de combustiones espontáneas en la atmósfera». Claro que llamar espontáneas a las combustiones no implica necesariamente una causa desconocida o inexplicable. Los esfuerzos por comprender los motivos del fenómeno fueron de una magnitud desconocida hasta entonces para un caso similar, y más aún en esa época oscura de la posguerra española, durante los inicios de la dictadura franquista.

Fue el mismísimo gobernador civil de la provincia de Almería quien solicitó, por los cauces pertinentes, la intervención del IGC en el estudio de los fenómenos —denominados «geofísicos»— que estaban teniendo lugar en la localidad de Laroya. El ingeniero José Cubillo reunió un equipo de investigación, al que también se unió el ingeniero Luis de Miguel González-Miranda. El motivo de la petición oficial se debió a la incapacidad de aclarar las causas de los fuegos que demostraron los primeros enviados a Laroya, el ingeniero encargado de la estación sismológica de Almería y el jefe de minas de la provincia. Estos hombres presenciaron algunas de las combustiones espontáneas con sus propios ojos. No pudieron atribuirlas con seguridad a causa eléctrica, ya que a menudo se producían en manojos de esparto, haces de mies, etc. También se pensó en inflamación de ozono, acumulado en bolsas. Pero nada de eso resultó convincente.

El valle estaba poblado por varios cortijos. Éstos fueron las principales víctimas de los fuegos —en una zona no mayor de dos kilómetros por un kilómetro—, de los que no había referencia histórica anterior. Los primeros fuegos se produjeron el día 16 de junio de 1945, en el cortijo llamado Pitango. Pero nadie les dio demasiada importancia hasta que, entre los días 23 y 26 del mismo mes, otra serie de fuegos, de mayores proporciones, asolaron varios cortijos de la zona.

A la luz de los testimonios de quienes presenciaron los fuegos, a su propia acción en los distintos lugares, a la configuración del terreno y a la climatología, la comisión de ingenieros, encabezada por José Rodríguez Navarro, y encargada del informe inicial, tuvo que reconocer que el asunto les desbordaba. El miedo a que los casos se repitieran, junto con la circunstancia de que esta primera comisión de expertos no alcanzó a dilucidar las causas de los incendios, fue lo que llevó al gobernador civil a solicitar la intervención del Instituto Geográfico y Catastral para realizar una investigación más amplia y profunda.

El grueso informe del ingeniero Cubillo expone, antes de nada, un análisis concienzudo de los posibles motivos de las combustiones espontáneas, como tales, en la atmósfera. A priori, sólo dos causas básicas conocidas podían motivar los fuegos: fisicoquímica o electricidad atmosférica. El informe comprende un riguroso análisis de los testimonios de los testigos, la orografía del lugar, su geología y el tiempo atmosférico, durante los días de los hechos y en esa época del año.

Después de mucho analizar los hechos, compararlos con causas conocidas y establecer conjeturas, el informe de 190 páginas del Instituto Geográfico y Catastral tiene que rendirse en su intento de explicar los fuegos de Laroya. José Cubillo termina, resignado, reconociendo su impotencia para explicar los fuegos.

10 / 100

¿EXISTEN LOS VAMPIROS?

Según las leyendas y tradiciones, los vampiros son criaturas de la noche; seres no-muertos que necesitan sangre para alimentarse, que no pueden resistir la luz del sol, capaz de matarlos, y que pueden ser aniquilados también clavándoles una estaca en su muerto corazón. Desde que el escritor irlandés Bram Stoker creara, a finales del siglo XIX, al conde Drácula, los vampiros han fascinado al mundo. En el extremo de esta fascinación están los llamados «góticos», una especie de tribu urbana cuya vestimenta y aspecto giran en torno a la estética de los vampiros, y que les lleva incluso a adoptar una versión particular de lo que podría considerarse un estilo de vida vampírico.

Pero, ¿qué hay de verdad en los mitos en que se basó Stoker? ¿Existen vampiros auténticos? La creencia en los vampiros se pierde en la noche de los tiempos. Muchos pueblos de la Antigüedad temían a esas criaturas de la noche. El nombre que recibían variaba de unas culturas a otras: para los griegos eran Lamia y Hécate; para los chinos, Kiang; para los romanos, Strix; los rumanos los conocían por strigoi, y los aztecas hasta tenían un dios vampiro, Huizilopochtli. A pesar de sus distintas denominaciones, todos estos seres tenían algo en común: la necesidad de chupar la sangre de sus víctimas, hasta matarlas.

La misma afición enfermiza hacia la sangre se supone que tenía el lúgubremente célebre Vlad Tepes III, el Empalador, en el que está inspirado el conde Drácula de Bram Stoker. No obstante, Tepes no era realmente ningún vampiro, sino un gobernante de la Valaquia del siglo XV, que combatió sin piedad al Imperio otomano y que, como buen monarca cristiano de la época, cometió auténticas barbaridades.

Mucho más siniestra, en realidad, es la figura de la condesa Erzsébet Bhátory, que como Vlad Tepes tenía su propio sobrenombre, la Condesa Sangrienta. Esta sádica aristócrata húngara vivió en la segunda mitad del siglo XVI y, desde muy temprano, se hizo patente su gusto por infligir dolor a todo tipo de criaturas, empezando por pequeños animales y acabando, al final, con personas. Entre las muchas atrocidades que cometió, quizá la más conocida sea su afición de tomar baños con la sangre de sirvientes a los que torturaba y asesinaba. Estas prácticas macabras se prolongaron durante años, hasta que fue condenada a pasar el resto de su vida emparedada en su propio cuarto.

Pero hay mitos más antiguos relacionados con el vampirismo. De hecho, algunos mitos hebreos medievales lo remontan hasta casi el principio de los tiempos. Según ellos, una mujer llamada Lilith fue primera esposa de Adán, antes que Eva. Lilith, a la que se le conoce por el nombre de Monstruo de la Noche, abandonó el Edén y se convirtió en líder de los demonios femeninos; una ninfómana que seducía a los hombres y luego los mataba para beber su sangre. Conforme a otras tradiciones, el origen de los vampiros está en Caín, el primer asesino de la Historia, que mató a su inocente hermano Abel. Y su vampirismo fue el resultado de un castigo divino, que lo condenó a no morir jamás para penar eternamente entre las sombras, alimentándose de la sangre de otros.

El genial escritor de ciencia-ficción Isaac Asimov (autor de *La Fundación*, o *Yo robot*), doctor en bioquímica, realizó diversos estudios teóricos en los cuales trataba la posibilidad de que cuestiones como el vampirismo fuesen reales. Y llegó a la conclusión de que, en cierto sentido, la necesidad de consumir sangre podría ser una realidad en algunas personas. No es descabellado entonces imaginar que individuos con esa terrible pulsión pudieran haber existido en tiempos pasados, y que en su dolencia —bien real— pudiera estar el origen de los mitos sobre los vampiros, que, con el tiempo, fueron haciéndose cada vez más «floridos» y sobrenaturales.

11 / 100

TRANSCOMUNICACIÓN: PSICOFONÍAS Y PSICOIMÁGENES

Todavía, en el siglo XXI, no sabemos exactamente qué es la muerte, ni conocemos del todo los procesos cerebrales y espirituales que se suceden en los últimos momentos de la vida. La transición final, que acaba con la desaparición de nuestro cuerpo físico, continúa siendo, por tanto, un gran misterio; quizá el mayor de todos ellos. También es un misterio si existe o no un alma inmortal. Sólo tenemos unos pocos indicios para tratar de comprender ese «otro lado», si es que lo hay. Son elementos y datos sueltos, difíciles de evaluar. Pero no renunciamos a obtener la respuesta de la que, posiblemente, es la más trascendental pregunta que puede formularse un ser humano: ¿hay vida después de la muerte?

Otra pregunta sin respuesta es: ¿será cierto que los espíritus de los muertos están en otra dimensión de este mundo y que pueden comunicarse con nosotros? En este sentido, se ha hablado mucho de las psicofonías, el extraño fenómeno que se produce cuando un sonido o una voz, de algo o de alguien que no está presente, se «cuela» en una grabación de audio. Menos habitual, aunque todavía más impresionante, son las llamadas psicoimágenes. En su caso, ya no se trata de sonidos de origen incierto, sino de imágenes que se captan a través de la pantalla del televisor. Para algunos, estas imágenes pertenecen a los muertos, que nos visitan a través de los equipos electrónicos.

El proceso para obtener una psicoimagen no es, en realidad, nada complicado. En primer lugar, es necesario situar una cámara de vídeo frente a la pantalla de un televisor convencional. La imagen que capta la cámara se visualiza en el propio televisor, de modo que se «realimenta», como si se tratara de una imagen infinita (algo parecido a lo que ocurre cuando se sitúan dos espejos perfectamente paralelos. La imagen que refleja uno vuelve al otro, y éste la devuelve al primero, en un proceso sin fin). Cuando la cámara de vídeo y el aparato de televisión están en esa posición, a veces aparecen, como flashes, imágenes extrañas, de origen desconocido.

Otro modo de captar psicoimágenes, aún más sencillo que el anterior, es simplemente grabar un canal desintonizado. En ocasiones, entre la «nieve» del canal, aparecen imágenes inexplicables.

12 / 100

LA MALA SUERTE

Es más que habitual pensar que la suerte, buena o mala, interviene en nuestra vida. Pero, ¿realmente existe el azar, o sólo ignoramos las leyes que lo rigen? ¿De verdad hay personas a las que favorece la fortuna? ¿Y personas a las que, por así decirlo, mira mal?

El diccionario de la Real Academia de la Lengua define la suerte como: «Encadenamiento de los sucesos, considerado como fortuito o casual.» Pero, ¿será todo en verdad casual?

No es eso lo que parecen opinar instituciones tan poco dadas a dejar las cosas al acaso como los casinos. Su negocio son los juegos de azar y, por eso mismo, jamás desdeñan las probabilidades de nada, por escasas que sean. Así, se dice que existen gafes profesionales a sueldo de muchos casinos del mundo, cuya misión es malograr las rachas de los jugadores que están de suerte.

Una película norteamericana de 2003, *The cooler*, ambientada en los casinos de Las Vegas, narra la historia de un gafe a sueldo. En España, José Ozores protagonizó la película *El gafe*, en 1958, que narra las peripecias de un empleado de banca, llamado Urrutia, al que sus compañeros atribuyen todos los males que acontecen en la oficina. Sea o no cierto que los casinos se valen de los servicios de gafes profesionales, de lo que no cabe duda es de que los gafes existen en el imaginario popular. En el mundo de los artistas, algunos cantantes se han ganado la fama de serlo. Sobre todo el canario José Vélez, pero también Juan Pardo o Isabel Pantoja. Asimismo, hay que recordar al famoso Luis Yáñez, hoy en el Parlamento Europeo de Bruselas. Bajo su dirección de la Expo92 de Sevilla, se hundió la nao *Victoria* y se incendió el pabellón español para el Descubrimiento. En el deporte, además de la Selección Española de fútbol, que siempre alegaba mala suerte para no ganar nunca nada —hasta que todo eso cambió radicalmente—, se consideran gafados el piloto de motos Sete Gibernau o el piloto de *rallies* Carlos Sainz. Frente a este grupo de supuestos gafes están los que se consideran bendecidos por la buena suerte, como el campeón de Fórmula 1 Fernando Alonso o el tenista Rafa Nadal.

Sigue sin quedar del todo claro si la suerte existe o no, o si la verdad está en aquel viejo dicho de «al saber le llaman suerte». En todo caso, no deja de ser curioso que el reglamento del fútbol en España prohíba las invocaciones religiosas durante los partidos —con la obvia intención de conjurar la victoria—, si éstas son llevadas a cabo por mediación de los clubes. Hace unos años, un equipo gallego llevó a una «meiga» para que hiciera unos ritos en el descanso de un partido, y el equipo recibió una sanción.

12 + 1 / 100

LAS FOBIAS

Entre las fobias más peculiares y extrañas encontramos la alectrofobia (miedo a los pollos), la cromofobia (a los colores), la grafofobia (a expresarse mediante la escritura), la nefofobia (a las nubes), la pedofobia (a los niños), la selenofobia (a la Luna), la termofobia (al calor) o la xilofobia (a la madera). Otra de las más curiosas, aunque no extraña, es la triscaidecafobia: el temor al número tre... eso. Por eso este capítulo lleva por número el 12+1.

Las fobias son mecanismos que saltan por asociación traumática, y eso les da un toque de irracionalidad que las aleja del miedo como algo positivo y necesario. Los síntomas principales de las fobias son: dificultad para respirar, respiración acelerada, sequedad bucal, sentirse mal en general, corazón acelerado, sentirse fuera de control, sudoraciones, sentirse atrapado o con imposibilidad de escapar, sensación de agobio extremo, ansiedad y pánico.

Algunas estadísticas muestran que aproximadamente un 10% de la población sufre miedos inmotivados. Miedo frente a situaciones comunes o poco amenazantes, que, racionalmente, no deberían provocarlo. De este modo, el miedo se convierte en algo contrario a su función de protección individual. Aparte de las fobias como tales, quizá el miedo racional exagerado se genera por un exceso de aprensión. Si nos ponemos a pensar detenidamente en el peligro que entraña, por ejemplo, conducir un automóvil en una situación compleja, como una fuerte lluvia o niebla intensa, podemos llegar a convertir la aprensión en miedo a través de un proceso de autosugestión.

Un reciente estudio ha establecido una aparente correlación estadística entre las personas miedosas y su éxito en la vida —y no sólo en la supervivencia como tal—. Así, han sido o son grandes miedosos personajes como el padre de la Teoría de la Evolución, Charles Darwin (panfobia, miedo a casi todo), Howard Huges y Michael Jackson (misofóbicos, miedo a los gérmenes y la suciedad), el opresivo escritor checo Franz Kafka (miedo a la comunicación con sus semejantes), el laureado actor británico sir Lawrence Olivier (fobia social), el multimillonario de la informática Bill Gates (miedo a las chicas en su juventud) o el genial director de cine Steven Spielberg (que sufrió episodios fóbicos intensos de niño). Por otro lado, la actriz Kim Basinger es agorafóbica (fobia a los espacios abiertos), el piloto de motociclismo Ángel Nieto padece triscaidecafobia y miedo irracional a estrenar un mono nuevo, la cantante Shania Twain no puede salir a un escenario que no haya sido previamente revisado por perros y agentes de seguridad, Brad Pitt sufre fobia a los escualos, artistas como Madonna o Joaquín Sabina tienen fobia a los escenarios, Aretha Franklin y Robert Smith padecen fobia a volar, Woody Allen o Uma Thurman son claustrofóbicos (fobia a los espacios cerrados), Johnny Depp tiene fobia a los payasos, Nicole Kidman a las mariposas, Orlando Bloom a los cerdos, Megan Fox al papel, Billy Bob Thornton a las antigüedades, Christina Ricci a las plantas domésticas, David Beckham al desorden, Tyra Banks a los delfines, Mathew McConaughey a los túneles y las puertas giratorias, y Michelle Pfeiffer, Carmen Electra o Winona Ryder a las masas de agua.

Por supuesto, estos miedos también los sufren personas que no son famosas, pero, según el estudio de diversos psicólogos, es un factor positivo para conseguir el éxito profesional.

14 / 100

FRANCO ESOTÉRICO

En sus primeros años como mando militar en Marruecos, se decía de Franco que era «el general sin misas y sin mises», significando así que no era hombre ni piadoso ni mujeriego. Lo segundo quedó constatado a lo largo de su vida, pero lo primero es sorprendente. ¿Acaso quien uniera en España la Iglesia y el Estado no era un ferviente católico?

Al final de su vida, sin embargo, Franco vivió la experiencia religiosa de un modo ingenuo, popular, como las personas más sencillas. Por las noches oraba en su dormitorio del palacio de El Pardo ante el relicario que contenía uno de los brazos incorruptos —el izquierdo— de santa Teresa de Jesús. Durante su última enfermedad, en sus días postreros, ingresado en la ciudad sanitaria La Paz, se hizo llevar el manto de la Virgen del Pilar para tenerlo a los pies de la cama... Pero Franco parecía buscar la protección talismánica de estos objetos, más que la experiencia religiosa de alguien capaz de superar los símbolos para acceder al sentido más profundo de la religión.

En esto, como en otras muchas cosas, Franco se asemejaba a uno de sus más claros modelos: el rey Felipe II. La mente del general se proyectaba en la difusa idea de emular al monarca más poderoso que vieron los siglos. Como Felipe, Franco era austero. Como Felipe, se sentía servidor de algo superior. Como Felipe, en suma, Franco se rodeó de objetos sagrados de poder. Y el Valle de los Caídos es en sí mismo uno de esos elementos —el mayor de todos—, conectado en cierto modo con el enigmático monasterio de El Escorial.

Franco tuvo una vida secreta; o mejor, varias vidas secretas: la del masón rechazado, la del iluminado providencial, la del protegido por la *baraka* y, más que ninguna otra, la del católico convertido. Aunque podemos dudar de que ese giro personal fuese del todo sincero. Franco se erigió en paladín de los valores cristianos al iniciarse la Guerra Civil. La influencia de su esposa, Carmen Polo —de familia tradicionalista y católica—, y la conveniencia política parecen ser los motivos verdaderos de su conversión. Sin embargo, todavía antes de finalizar la guerra, las celebraciones cristianas del régimen adquirían, por influencia fascista o nazi, tintes de celebraciones ajenas al cristianismo o neopaganas, como la «Fiesta de la Raza» o el «Día de la Raza».

De todo lo anterior, probablemente calculado con la frialdad de una mente tan sagaz como la de Franco —hombre quizá no excesivamente culto pero sí muy inteligente—, pasó años después a la veneración de reliquias. Y en el medio, como hito en varios sentidos, encontramos la idea y la erección del Valle de los Caídos, el monumento más extraño de nuestra historia si exceptuamos el monasterio de El Escorial.

Franco imaginó su monumento a los caídos en la Guerra Civil antes incluso de finalizar la contienda. Fue una génesis conceptual aún no proyectada en algo concreto, que surgió poco a poco después. Algunos símbolos notorios que hoy podemos ver en el Valle están cargados de un significado claramente esotérico: un altar mayor en forma circular, como es habitual en los templos paganos y no en los cristianos, en lugar de encontrarse situado en la capilla del fondo; o una cruz sin desbastar que emerge desde el centro del altar, hecha con un enebro que —al decir de muchos— fue talado por el mismo Franco en los bosques de Segovia, y cuya madera era considerada por los antiguos pueblos europeos como escudo contra las fuerzas maléficas. El mismo hecho de la excavación de una gruta en la roca nos habla de la iniciación. Todos los grandes sabios de la Antigüedad se iniciaron en una cueva, en el interior de la tierra, en sus entrañas. Incluso hubo un proyecto en el que la entrada a la basílica estaba precedida por un gran lago, al estilo de los templos egipcios y con reminiscencias masónicas.

Otro hecho notable, que no puede ser casual, es que el Valle de los Caídos y el monasterio de El Escorial están alineados con la cima del monte Abantos, sagrado para los antiguos moradores carpetanos de la región, y equidistantes de ese punto más elevado.

15 / 100

EL ENIGMA DE LA *GIOCONDA*

Leonardo da Vinci sólo conservó dos cosas en toda su vida: un cofre cerrado —que se abrió únicamente tras su muerte— y la *Mona Lisa* o *Gioconda*. Este retrato, de dimensiones relativamente pequeñas y pintado en madera de álamo, es hoy la joya del museo del Louvre y, posiblemente, la obra de arte más famosa del mundo. Pero antes estuvo expuesto en dependencias no muy «nobles» del rey Francisco I de Francia, y no se supo que había un paisaje tras la figura principal hasta que fue eliminada la capa de pintura negra que lo cubrió durante siglos.

La historia oficial —esa que rara vez es del todo cierta— afirma que es el retrato de la no muy agraciada Lisa Gherardini, esposa de Francesco Bartolomeo del Giocondo. Un encargo, efectuado por una pudiente familia toscana, que nunca llegó a entregarse. La pregunta es obvia: ¿por qué esa obsesión de Leonardo en conservar el cuadro?

Muchos investigadores han especulado con diversas posibilidades. La más popular es que se trata de un autorretrato del propio Leonardo travestido de mujer. A pesar de su vida casta y su notorio desprecio a los placeres lascivos, el Divino pudo tener inclinaciones homosexuales, al igual que su enemigo Miguel Ángel o su amigo Botticelli.

Otros creen que la *Gioconda* esconde entre sus trazos una especie de acertijo o jeroglífico. El paisaje que se muestra en segundo plano contiene decenas de relaciones simbólicas y geométricas, así como elementos aislados que se identifican con lugares geográficos reales. Se ha llegado a pensar que oculta un mapa secreto, e incluso que es eso esencialmente: el mapa de alguna clase de tesoro.

Sin embargo, podría haber una explicación menos retorcida. Leonardo acogió en 1490 en su *bottega* a un niño llamado Gian Giacomo Caprotti. Entonces tenía diez años y, al poco, Leonardo lo definió como «ladrón, mentiroso, terco y glotón». Al parecer carecía de auténtico talento artístico y no le daba más que disgustos, pero Leonardo lo mantuvo a su lado durante más de veinte años y fue su discípulo favorito, a la vez que su modelo pictórico predilecto.

Leonardo le puso el apodo de il Salaino, o Salai, que viene a significar algo así como el «Diablillo». Salai tenía el pelo castaño claro y rizado, unos rasgos hermosos y andróginos y poseía un carácter arisco. Se ha especulado, desde el terreno de la psiquiatría histórica, con que esa mezcla, de por sí ambigua, entre un aspecto algo aniñado y un carácter hosco atrajese sexualmente a Leonardo.

Lo cierto es que Leonardo siempre pintaba rostros ambiguos, en que entremezcla lo femenino y lo masculino, y empleó a menudo modelos femeninas —al gusto de su época, ciertamente— para sus personajes masculinos jóvenes, como en *La última cena* de Santa Maria delle Gracie, donde el apóstol Juan tiene cara de mujer porque, de hecho, una mujer fue el modelo.

Algo, por otro lado, no muy extraño en un tiempo en que el mismo César Borgia violaba a un joven obispo y se había extendido en Italia lo que se denominaba *pecado nefando*, la sodomía con efebos. Sin embargo, hay algo que no es una especulación. A su muerte en Francia, Leonardo nombró heredero universal de todos sus escritos y pertenencias a Francesco Melzi, otro de sus discípulos, en lugar de Salai, que también estuvo a su lado durante sus últimos años en el exilio francés. ¿Por qué? La pregunta está en el aire. Una pregunta que puede hacerse extensiva a la *Gioconda*: ¿qué oculta verdaderamente el retrato más famoso del mundo? ¿Es el rostro de Salai, como algunos creen? No lo sabemos a ciencia cierta, pero la respuesta ha estado —y está— ante nuestros ojos sin que hayamos sabido descifrarla.

16 / 100

EL ÚLTIMO PAPA

Para algunos, la Iglesia católica vive un período de grandes dificultades que será definitivo. Otros creen lo contrario, que resurge en esta sociedad castigada por las crisis, y no sólo la económica, sino también la de los valores humanos y religiosos. ¿Será Francisco el último papa? ¿Qué dicen sobre ello las profecías?

De entre todas, la más famosa y controvertida es la profecía de los papas de san Malaquías. Este arzobispo del siglo XII dejó supuestamente escrita una lista de papas asociados a sus lemas correspondientes, desde Celestino II (1143-1144) hasta el número 112, el último. Benedicto XVI —definido como la Gloria del Olivo— hacía el número 111 en esta cuenta, de modo que podríamos estar ante la llegada del pontífice que cierre la lista.

Según san Malaquías, su nombre sería Pedro II el Romano —cosa que no se ha cumplido, aunque podría ser un sobrenombre—, y la Iglesia vivirá con él su caída: «En la extrema persecución, Pedro el Romano apacentará a su rebaño entre grandes tribulaciones, después de lo cual la ciudad de las siete colinas [Roma] será destruida y el Juez Terrible juzgará a su pueblo.» Esta profecía también está sustentada por las visiones del más famoso profeta moderno, el argentino Parravicini. En sus dibujos proféticos escribió que el último papa se llamará Pedro y precederá a la segunda venida de Cristo.

Entre los cardenales favoritos para suceder a Benedicto XVI —los papables— había dos que se llamaban realmente Pedro. El primero era el noble checo Christoph Maria Michael Hugo Damian Peter Adalbert Graf von Schönborn, y el segundo, el italiano Tarsicio Pietro Bertone, que ostentaba el cargo de Camarlengo y asumió la jefatura del Estado Vaticano durante el período de sede vacante.

Por supuesto, no podemos olvidar al profeta más célebre de todos los tiempos, Nostradamus. Él escribió que el último papa sería designado poco después del descubrimiento de la tumba de un antiguo romano que influyó en el pensamiento occidental; algo que no ha ocurrido. Ese papa «venenoso» servirá de instrumento para el Anticristo, tendrá origen francés, ojos azules y una deformidad física. Francisco no parece un hombre «venenoso» —todo lo contrario, a decir verdad—, no tiene los ojos azules ni deformidades visibles. Aunque, eso sí... Francisco significa «francés» en italiano.

Otra de las profecías aún vigentes es la de la beata Ana Catalina Emmerick, una monja alemana que murió en 1824. Sus visiones proféticas se hicieron famosas en el mundo a través de la película *La pasión de Cristo*, de Mel Gibson. En uno de sus raptos místicos anunció que llegaría el tiempo en que la Iglesia sufriría graves y constantes ataques, que los sacerdotes serían negligentes y que el Papa tendría que huir y esconderse. En ese momento surgirían el Anticristo y una falsa Iglesia, mientras la tierra sería arrasada por innumerables batallas. Sin embargo, al final triunfaría el bien y llegaría un nuevo papa bajo el auspicio de la Virgen.

Lo más curioso de esta profecía es que «encaja» con, al menos, otras tres. La primera de san Juan Bosco, que en el siglo XIX profetizó: «El papa y sus servidores dejarán el Vaticano por encima de la plaza cubierta de muertos y heridos.». La segunda es la visión que Pío X tuvo durante un repentino desmayo: «Llegará el tiempo en que el papa abandonará Roma y, enfermo, será llevado por encima de los cadáveres de sus cardenales.» Y, por fin, la tercera de ellas corresponde a la vidente Helen Wallraf, que a principios del siglo XIX sentenció: «Llegará el día en que el papa tenga que huir de Roma con la única compañía de sus cardenales.»

En el global de profecías sobre el último papa también se dice que el penúltimo —digamos, Benedicto XVI— será asesinado fuera de Roma. Eso no ha ocurrido, al menos como papa. Pero ya se verá...

17 / 100

EL MISTERIOSO RASCACIELOS NEOYORQUINO DE GAUDÍ

En 1908, Antonio Gaudí estaba trabajando en la construcción de la Sagrada Familia de Barcelona. En un episodio poco conocido, que relata uno de sus discípulos, el escultor Joan Matamala, recibió allí la visita de dos industriales estadounidenses, atraídos por la fama y el talento del arquitecto catalán. Soñaban con erigir el edificio más alto del mundo en el corazón de Manhattan, majestuoso y rodeado de jardines: un hotel de 320 m de altura —310 estructurales, más una escultura en la cúspide— que superase incluso a la Torre Eiffel de París. Y para ello querían contar con un diseño del arquitecto más innovador del momento: Gaudí.

Con su forma que evoca una mezcla entre el gótico y el modernismo, de haberse convertido en realidad, el llamado Hotel Attraction se hubiera adelantado en casi dos décadas al Empire State Building como mayor rascacielos del mundo y edificación humana más elevada de la historia.

A pesar de que se trata de un proyecto famoso, que ha aparecido en numerosos medios y hasta se barajó volver a él cuando las Torres Gemelas del World Trade Center fueron destruidas en los atentados del 11-S, hay quien sostiene que el Hotel Attraction es apócrifo. Ello se debe a que se ignora el nombre de los dos industriales norteamericanos que, casi en secreto, visitaron a Gaudí en Barcelona y le encargaron supuestamente el proyecto. Y también porque no hay más testimonios de él que el de Matamala.

Sin embargo, existe una maqueta del edificio y algunos bocetos que los historiadores atribuyen al propio Gaudí. Y de hecho Paul Laffoley, uno de los arquitectos que colaboraron con Minoru Yamasaki en el diseño de las Torres Gemelas, apoyó en 2003 la iniciativa de retomar el proyecto de Gaudí para sustituir a los malogrados edificios del World Trade Center, aunque finalmente quedó desestimado.

Además de una imponente altura, el Hotel Attraction iba a estar formado por una nave central, la mayor, rodeada de otras ocho menores, todas ellas con forma de paraboloide —que es el tipo de arco que, precisamente, inventó Gaudí—. En el interior, el gran salón tendría un techo abovedado a 120 m de altura, y toda la construcción estaría coronada por escultura en forma de estrella. Habría sido, por así decirlo, un rascacielos con figura de catedral.

El lugar elegido para su erección no está del todo dilucidado. Algunos expertos, como el citado Paul Laffoley, creen que el solar elegido es el mismo que ocuparon más de medio siglo después las Torres Gemelas, y de ahí su interés por retomar el proyecto original de Gaudí. Otros, por el contrario, creen que la ubicación estaría algo más al sur, en el extremo de la isla de Manhattan.

En cualquier caso, podemos imaginar la impresionante estructura alzándose sobre la bahía del Hudson, como parte fundamental —y luego compartida con otros rascacielos emblemáticos, como el Chrysler o el Empire State— del *skyline* de Nueva York.

Antonio Gaudí es hoy mundialmente famoso y se le considera uno de los arquitectos más importantes e influyentes de la historia. Murió en 1926, sin ver terminada la Sagrada Familia ni erigido el Hotel Attraction. Al igual que a Moisés se le prohibió hollar con sus pies la Tierra Prometida, así Gaudí se fue a la tumba sin haber terminado sus obras más importantes. Pero no importa, porque, como él mismo dijo, el arquitecto tiene la capacidad de «ver las cosas antes de que estén hechas».

18 / 100

¡VIVIR 100 AÑOS CON TESTÍCULOS DE MONO!

El cirujano ruso Serge Voronoff gozó de fama mundial, hasta su muerte en 1951, gracias a un método de rejuvenecimiento inventado por él. Este método se basaba en realizar trasplantes de testículos de monos a sus pacientes, aunque su éxito no estuvo más que en la imaginación de aquéllos y en una hábil campaña propagandística orquestada por el mismo Voronoff.

Serge Voronoff nació en Rusia en 1866. Aún joven —a finales del siglo XIX— se trasladó a Francia, donde sirvió como cirujano en el hospital militar de París. También fue, posteriormente, director del laboratorio de biología de la escuela de Hautes Études y director de cirugía experimental en el Collège de France. Había obtenido la nacionalidad francesa en 1897 y en 1933 le condecoraron con la Legión de Honor.

Cuando falleció, con más de ochenta años, muchos se sorprendieron. Eran los miembros de la alta sociedad que creían en Voronoff, y que confiaban en que su afirmación de que no moriría antes del año 2000 sería cierta. Pero esto no era más que una parte de su estrategia para promocionar su método de rejuvenecimiento, por lo demás lleno de riesgos para la salud y de utilidad bastante dudosa.

Después de experimentar en más de cien ocasiones con animales, Voronoff efectuó su primer trasplante de testículo animal en un ser humano en 1920 —es decir, un xenotrasplante—, con un paciente de cuarenta y cinco años que había perdido ambas glándulas por una extraña operación de la época, mediante la que se pretendía curar la tuberculosis. Pero el injerto de Voronoff no funcionó, al igual que sucedió con su siguiente paciente. En ambos casos, se produjo la necrosis. A la tercera fue la vencida, al menos en lo que se refiere al éxito del trasplante, ya que el individuo aceptó varios fragmentos de testículo de mono aunque no mejoró su vigor sexual.

Voronoff tuvo la inmensa suerte de tener como paciente, poco después, al célebre dramaturgo Anatole France. Cuando lo trató, éste tenía sesenta y un años, y mostraba un aspecto lamentable: senilidad precoz, mejillas caídas, profusas arrugas, ojos mortecinos y sin brillo, andares cansados y rechazo a todo esfuerzo físico, carecía de apetito y solía quejarse de frío incluso cuando hacía buen tiempo.

En la intervención, Voronoff injertó a France los testículos de un gran mono cinocéfalo, divididos en ocho partes alrededor de sus propios testículos. Seguramente más por efecto de su deseo de sentirse mejor, el escritor mejoró de salud y de ánimo. Según el diario médico de Voronoff, a los veintitrés días experimentó su primera erección después de diez años de impotencia. Al parecer, las erecciones se presentaron después con mucha frecuencia, podemos suponer que con gran júbilo de France. Es cierto que su aspecto mejoró, pero Voronoff exageró al escribir en su diario: «Se produjo un cambio completo y sorprendente. Su cuerpo se enderezó, los músculos del rostro recobraron su fuerza, el ojo se hizo vivaz y, a pesar de las canas, muestra un asombroso aire de juventud, de vigor y de energía.»

Sí, podríamos creer que todo aquello era sorprendente. Pero la psicología hace mucho, al igual que otras técnicas que permiten hacer pasar algo por lo que no es. Éste fue el caso de un adinerado hombre inglés, también paciente de Voronoff, y que nos permite comprender dónde estaba la estafa (una estafa que, entre otras cosas, hizo rico al ruso). En una conferencia, ante un público rendido, el médico presentó al paciente después de la intervención. Su aspecto era, para tener setenta y cinco años, bastante bueno: el pecho alto, el pelo bien cortado y peinado, las arrugas disimuladas por el maquillaje. Todo ello contrastaba con las fotografías mostradas anteriormente, en las que aparecía dieciocho meses antes con el pelo largo, canoso y desaliñado, expresión de abatimiento, encorvado bajo un abrigo y con aire deprimido.

La propaganda mueve montañas, ¿no es cierto? Aunque, en el colmo de la desvergüenza, el mismo Voronoff dijo una vez: «El progreso de la humanidad tiene este precio: genio y trabajo.»

19 / 100

LAS MENTIRAS DEL DR. FREUD

No hace muchos años pudo demostrarse que los más famosos casos clínicos de Freud, que le sirvieron para elaborar el edificio del psicoanálisis, fueron alterados e incluso, en algunas ocasiones, modificados con falacias. Quizá la mayor es la que, según él, le hizo descubrir el complejo de Edipo. Freud aseguraba que fue la exploración interior de su propia mente la que le dio luz sobre el problema, lo cual ha quedado rebatido mediante el atento estudio de sus documentos y notas. Nunca sufrió una inclinación edípica, y lo más probable parece ser que, sencillamente, se inspirara en el mito griego para elaborar la teoría.

Freud trató —y pretendió haber curado— a un niño llamado Hans mediante su complejo de Edipo. Este niño sufría un miedo patológico por los caballos, tan profundo que no se atrevía siquiera a salir de su casa. Según Freud, descubrió que el pánico provenía del complejo de castración asociado al de Edipo, y así le curó. Pero todo esto no fue más que una mentira, ya que el paciente, años después, no se reconocía en absoluto en el caso descrito por Freud en sus textos científicos.

Pero no es ésta la única vez en que Freud alteró los resultados de sus análisis clínicos o los falseó. En uno de sus casos suprimió las referencias al carácter despótico del padre de su paciente para atribuir así su paranoia a las tendencias homosexuales que mostraba. En otra ocasión, Freud afirmó que cierta revelación, descubierta en la psique de un paciente, le había llevado a comprender el modo de curarlo, cuando dicha revelación no la supo hasta tiempo después de atenderlo (por cierto, se trataba del motivo por el que un hombre llamado Ernst Lanzer sentía la imperiosa necesidad de dejar abierta la puerta de su casa entre las doce y la una de cada noche, antes de estarse luego un rato mirándose los genitales).

El caso más curioso de invención por parte de Freud de un análisis clínico se refiere a un caso conocido como el del «hombre de los lobos». Freud se refiere a él, llamado Sergei Pankejeff, como «un joven de salud delicada desde que sufrió a los dieciocho años una infección blenorrágica, y que cuando empezó el tratamiento psicoanalítico, años después, era absolutamente incapaz de cuidar de sí mismo, lo que le hacía depender para todo de los demás». Pero según Freud el origen de los problemas de Pankejeff radicaba en una grave dolencia neurótica que se había instaurado bajo la forma de una histeria de angustia poco después de cumplir los cuatro años de edad, y que se convirtió posteriormente en una neurosis obsesiva de contenido religioso.

A pesar de que Freud, que trató a Pankejeff a principios de los años diez del siglo XX, afirmó haberle curado gracias a la compresión de su dolencia, una periodista descubrió muchos años después que en realidad nunca había llegado a sanar. Sin embargo, en sus memorias Pankejeff afirmaba que estaba curado. Al parecer lo había hecho para satisfacer a Mauriel Garner, que estaba muy interesado en demostrar que Freud estaba en lo cierto en sus investigaciones. Para satisfacerle y para satisfacerse a sí mismo, ya que todo fue cuestión de dinero. A los psicoanalistas no les agradaba la idea de que el caso más famoso del padre de la técnica que les daba de comer fuera descubierto como un fraude. Así que Pankejeff cobraba una especie de salario a cambio de mantenerse en el anonimato.

De hecho, la interpretación que Freud llevó a cabo sobre un sueño de Pankejeff, tenido por éste a los cuatro años de edad, es increíblemente absurda, y llega al extremo de la desvergüenza científica. El sueño consistía en lo siguiente: se abría la ventana de la habitación de Pankejeff y enfrente, en un nogal, veía varios lobos blancos sentados en las ramas. Para Freud, la interpretación era ésta: el sueño tenía relación con una experiencia real del paciente que, cuando tenía un año y medio, contempló a sus padres protagonizando «un coito por detrás repetido tres veces», en el que «pudo ver los genitales de la madre y el miembro del padre, comprendiendo la esencia de la cosa y su significado».

20 / 100

LA COLONIZACIÓN DE MARTE

La NASA prevé que, hacia el año 2030, una nave espacial conseguirá orbitar alrededor del planeta Marte. No está del todo claro cuándo un ser humano pondrá efectivamente el pie en su superficie, aunque ése será sin duda el siguiente paso y no deberá ocurrir mucho después. Es de esperar que, para entonces, se habrá encontrado una solución satisfactoria para los problemas asociados a los viajes espaciales de larga duración. Más adelante, si todo va bien, se intentará convertir a Marte en un segundo planeta Tierra, aunque con menor gravedad al ser más pequeño. El proceso se llama *terraformación*.

Hace ya muchos años, el célebre físico y divulgador científico Carl Sagan enunció esta teoría. Según ella, Marte podría recuperarse y ser apto para la vida, dado que su atmósfera está «congelada» pero no perdida. Haría falta crear un efecto invernadero artificial, detonando en el planeta rojo todas las armas nucleares del mundo, y así hacerlo habitable como la Tierra. Esta idea, hermosa de por sí, pero más aún si tenemos en cuenta el buen uso que se daría a ingenios construidos para matar, necesitaría un siglo para verse completada. La radiación solar quedaría atrapada y calentaría la superficie inerte del planeta, lo que poco a poco iría liberando su atmósfera y creando el entorno adecuado para el desarrollo de la vida.

Para empezar, las diversas misiones dirigidas a Marte a lo largo de los últimos cincuenta años, parecen dejar cada vez más claro que ese planeta, ahora helado y polvoriento, no siempre fue el lugar estéril que hoy es. Hace tres mil quinientos millones de años tuvo una atmósfera, y el agua líquida corría por su superficie, en forma de lagos, ríos o mares no muy distintos de los de la Tierra. Hasta es posible que por aquel entonces se hubiera desarrollado en Marte alguna forma de vida.

Todo ello se perdió. Y parte de la culpa la tienen los gases de efecto invernadero, del que el CO_2 es el más popular. Sólo que, si en el caso de la Tierra el exceso de estos gases es lo que nos causa problemas, en el de Marte fue su pérdida paulatina lo que provocó la catástrofe. Sin gases invernadero suficientes para retener parte de la radiación solar y mantener a Marte caliente, éste fue enfriándose poco a poco y su atmósfera disolviéndose. El resultado es el planeta que vemos ahora, con temperaturas medias que rondan los –65 °C y sujeto a letales radiaciones cósmicas y ultravioletas.

21 / 100

LA CONSPIRACIÓN JUDEOMASÓNICA

El 23 de diciembre de 1973, el mismo día en que el almirante Carrero Blanco fue asesinado, éste aún estaba escribiendo un alegato contra la masonería para ser leído en las Cortes. Un texto sobre la célebre conspiración judeomasónica. Pero, ¿de dónde viene esta manía persecutoria? Veamos...

En 1897, un grupo de 200 delegados, procedentes de diversos grupos de la diáspora judía, se reunió en la ciudad suiza de Basilea para crear el programa de un nuevo movimiento político. Su promotor, el periodista austrohúngaro Theodor Herzl, se convertía así en el fundador de lo que se dio en llamar *sionismo*.

Sobre lo que es realmente el sionismo existe una gran confusión hoy en día, pues la leyenda se impone en muchos casos a la realidad, acusando a sus promotores de las más extrañas conspiraciones y culpándoles de todos los males de la humanidad. A principios del siglo XX tuvo lugar un hecho decisivo, cuando un espía del zar de Rusia, llamado Sergei Nilus, sacó a la luz un texto que, según él, desenmascaraba a los sionistas, mostrando los proyectos más insólitos y siniestros de su «conspiración» internacional. El texto en cuestión fue publicado con el nombre de «Protocolos de los sabios de Sión» y, desde entonces hasta ahora, se ha convertido en un *best-seller* de la propaganda política.

Según el agente ruso, los protocolos eran los mismísimos documentos secretos del congreso sionista de Basilea, es decir, que contenían el proyecto «oculto» del sionismo, un terrorífico plan para conseguir el dominio del mundo por parte de una minoría de judíos que lograría controlar todas las instituciones de la sociedad moderna a través de sus aliados secretos: los masones. La masonería se convierte así en un mero instrumento al servicio del sionismo internacional. Esto es lo que se ha dado en llamar *contubernio judeomasónico*.

La leyenda, muy antigua, del control global por medio de una minoría aristocrática secreta es conocida con el nombre de *sinarquía*. La idea se basaba en el principio de que la soberanía de las naciones no puede estar en manos de una masa ignorante y adocenada. Los ciudadanos de todas las naciones sólo mantendrían, según la teoría sinárquica, un poder político ilusorio a través de unos representantes parlamentarios que serían meros «fantoches», manejados por un grupo de sabios ignotos y desconocidos.

22 / 100

EL «IMPOSIBLE» MAPA DE LA ANTÁRTIDA SIN HIELOS

Otro caso en el que se muestran las costas de la Antártida sin hielo en su mayor parte es el mapa de Oronteus Finæus (u Oronce Finé), que se guarda en la sección de cartografía de la Library of Congress, en Estados Unidos. Este mapa está fechado en el año 1531, por lo que el enigma es del mismo orden y magnitud que el del mapa de Piri Reis. Como ya hemos mencionado, la Antártida debió de estar libre de hielos hasta hace unos diez mil años. A partir de entonces, una capa de hielo empezó a cubrirla desde el polo. El mapa de Oronteus Finæus no muestra detalles de la región central, pero sí de las costas, con fiordos que no están a la vista desde que el hielo los cubrió. De este modo, quizá el mapa se basa en cartografía de hace unos seis o siete mil años.

Otra particularidad llamativa de este mapa, que salta a la vista, es que el continente antártico resulta demasiado grande. De hecho, es cuatro veces mayor que en la realidad. Esto se debe a un error de escala debido a la confusión del paralelo correspondiente al círculo polar. Sin embargo, lo que importa son las proporciones, muy exactas si se comparan con las modernas mediciones. A pesar de ello, las costas en sí mismas no siempre son demasiado precisas. Algunas muestran un dibujo mucho más parecido a la realidad que otras, ya que —se puede deducir, y como es normal en la época— el mapa está hecho a base de fragmentos de otros mapas.

Al margen de lo anterior, y apoyando la primera idea de la ausencia parcial de hielos, encontramos otro detalle de sumo interés en el mapa de Oronteus Finæus: la hoy llamada península de Palmer no está presente. Lo curioso es que esta península no es en realidad un pedazo de tierra firme, sino que está formada exclusivamente por hielo. De modo que, una vez más, hace diez mil años no existía. ¿Un olvido del cartógrafo? Y los cortados y agrestes fiordos de las costas, ¿pueden explicarse...? Demasiadas casualidades juntas.

Nota: Todos los mapas renacentistas que representan el continente antártico adolecen del mismo error de tamaño que el de Oronteus Finæus.

23 / 100

HUMS: LOS QUEJIDOS DE LA TIERRA

Julio Verne imaginó la Tierra hueca y todo un mundo perdido bajo la corteza que habitamos. Por lo que hoy sabemos —o creemos saber— de la estructura interior del planeta, eso no es posible. Sin embargo, en algunos lugares se escucha el ruido monótono y constante de algo parecido a un lejano motor o turbina. Un ruido de origen desconocido, pero que emerge de las profundidades de la Tierra.

Este extraño sonido lleva escuchándose, al menos, desde los años setenta del pasado siglo. Todo comenzó en 1977 en Bristol, una ciudad de tamaño medio en el sur de Inglaterra. Este primer caso se ha repetido en otros lugares del mundo, hasta el punto de que en los últimos años parece haber una epidemia.

Acaso el más famoso de estos zumbidos sea el de Taos, una localidad del estado norteamericano de Nuevo México. El llamado Taos Hum, en inglés, lleva desde 1993 desconcertando a los investigadores y a las autoridades. Otros hums se han reportado en las costas de Perú, en Costa Rica, Nueva Zelanda, Australia, Suiza, Canadá o Estados Unidos. Y más recientemente en Ucrania y Bielorrusia, dos antiguas repúblicas soviéticas.

Nuestro planeta no es un mundo silencioso. Y ello al margen de los sonidos que provocan los seres vivos, especialmente el ser humano con sus conciertos de rock, sus motores de cohete o sus bombas. La atmósfera se halla en continuo movimiento, lo cual produce ruidos, a los que hay que sumar los que provienen del subsuelo, generados por los movimientos de las placas tectónicas, que desencadenan los terremotos, o las corrientes de convección y las erupciones volcánicas.

Parece que la profundidad de los zumbidos que emergen de la Tierra está garantizada. Ello lo demuestra el hecho de que no se haya podido determinar su procedencia con micrófonos direccionales, ya que no existe una fuente puntual, es decir, no hay una dirección concreta de la que procede el sonido, tal y como entendemos las fuentes puntuales, tipo altavoz.

Los científicos chinos los están investigando actualmente con más interés y seriedad que nadie en el mundo. En unas perforaciones petrolíferas abandonadas, a 3.000-4.000 m de profundidad, han introducido una serie de geófonos que registran los sonidos y sus cambios a lo largo del tiempo. Por desgracia, se trata de una investigación a muy largo plazo. Sus conclusiones tardarán años en llegar, aunque afirman que, al cabo de ese tiempo, podrán establecer una correlación entre estos ruidos y los seísmos antes de que sucedan.

En su investigación, los científicos chinos no captan ruidos cualesquiera, sino únicamente los que se dan en lugares específicos donde hay actividad tectónica. Allí los sonidos no son continuos, aunque tienden a serlo, y precisamente son las pequeñas variaciones las que determinan la actividad. Cuando los ruidos experimentan altibajos fuera de lo previsto, es cuando se puede —o se podrá en unos años— anunciar un terremoto en ciernes, la zona a la que afectará y su eventual magnitud.

En los últimos tiempos parece que las catástrofes son más habituales que antaño, que las fuerzas del planeta se han desatado y amenazan con vengarse de nuestras ofensas. El aumento de los ruidos que se detectan en la corteza terrestre, donde nosotros vivimos, e incluso algunos submarinos, podría anunciar que se está generando una acumulación de energía capaz de asolar algo mayor que una única región del globo. Los científicos no creen que esto vaya a suceder, al menos en un futuro próximo, pero lo cierto es que algo está pasando bajo nuestros pies. No hay más que prestarle oídos.

24 / 100

LA MALDICIÓN DEL *TITANIC*

Ni Dios podía hundirlo. Se dice que esa desafiante sentencia rezaba en una chapa colocada por un operario en el interior del *Titanic*. Y ya fuera a Dios o a las fuerzas de la naturaleza, el hecho es que el ser humano tentó a poderes superiores y salió perdiendo. El *Titanic* se fue a pique el 15 de abril de 1912, en su viaje inaugural, no muy lejos de las costas de Terranova, con un balance de más de 1.500 víctimas. Ésta es la historia conocida. Pero quedan aún enigmas en torno al malogrado Buque de los Sueños.

Algunos la consideran una leyenda, otros sostienen que es una realidad. Lo cierto es que se ha escrito mucho acerca de la supuesta momia egipcia que se trasportaba en las bodegas del *Titanic* y cuya «maldición» habría sido responsable del hundimiento, al estilo de la que mató a los miembros de la expedición de Howard Carter tras su profanación de la tumba de Tutankamón.

Esta historia se debe al investigador de fenómenos paranormales y periodista William Thomas Stead, que viajaba en el *Titanic* y pereció en el naufragio, y a su amigo Douglas Murray. Ambos habían escrito acerca de una momia desenterrada en Luxor a finales del siglo XIX, vendida de un modo poco ortodoxo a un coleccionista británico y que, en su viaje hasta Inglaterra, había desatado toda clase de calamidades y muertes.

El relato fue narrado por Stead a sus compañeros de mesa, en el comedor del *Titanic*, la noche del 12 de abril, dos días antes de la fatal colisión. Según Stead, la momia maldita viajaba a Estados Unidos en el buque, lo cual suponía una gran amenaza debido a la presencia del espíritu de su dueño y al «malestar» de los dioses por su traslado fuera de Egipto. Quizá por casualidades de la vida, uno de los comensales de aquella cena se salvó, Frederick Seward, y repitió esta historia en un libro publicado con una recopilación de testimonios de los supervivientes del *Titanic*.

Nadie ha podido confirmar si el relato de Stead era pura invención suya o tenía una base real. En ninguna de las exploraciones submarinas del *Titanic* se ha hallado el menor indicio de un sarcófago egipcio. Algo que, por otra parte, no sería una demostración definitiva que desmintiera la historia, ya que ni siquiera termina con el hundimiento del Buque de los Sueños. Según la segunda parte de este relato —obviamente ya no continuado por Stead—, la momia acabó en un bote salvavidas y llegó a Nueva York con su propietario. Éste, persuadido por los acontecimientos de que la maldición era auténtica, decidió devolver la momia a Egipto en el barco canadiense *Emperatriz de Irlanda*. Ni que decir tiene que también se fue a pique, con un balance de más de 1.000 muertos.

Sea como fuere, queda aún mucho por descubrir sobre el *Titanic* y la duda sigue presente, sea una simple leyenda o algo real.

25 / 100

EL PROYECTO CONCIENCIA GLOBAL

Roger D. Nelson, doctor en Psicología Cognitiva Experimental y profesor en la Universidad de Princeton (New Jersey, Estados Unidos), es director del Proyecto Conciencia Global (PGC), una de las investigaciones más fascinantes, sorprendentes y extraordinarias que se llevan a cabo actualmente en el mundo. Calificar de un modo tan abultado este proyecto no es una exageración. Nelson y sus colaboradores parecen haber demostrado que los seres humanos estamos unidos de algún modo por una conciencia de alcance global, una especie de red intangible capaz de verse influenciada por los sucesos que afectan a la humanidad, y de hacerlo además —esto es lo más alucinante— antes de que esos acontecimientos ocurran.

En 1980, Nelson se unió al recién fundado y hoy célebre laboratorio PEAR, de la Universidad de Princeton. Allí empezó a trabajar en dos direcciones, la percepción remota y la interacción de la conciencia humana con los sistemas físicos. Esta última se convertiría en la base de sus futuras investigaciones, hasta que a principios de los noventa le surgió la idea de que ha de existir alguna clase de «campo de conciencia».

Así, en 1997 empezó a trabajar en el Proyecto Conciencia Global, una red mundial de registro de anomalías cuya función es captar esa hipotética conciencia humana. No sólo ha sido un éxito, sino que se ha conseguido demostrar que existe una relación directa entre los grandes acontecimientos de la humanidad y las alteraciones que la red percibe.

Los efectos detectados por el PGC ante graves acontecimientos mundiales demuestran que existe una conciencia humana, una especie de ligazón que une a cada ser humano con los demás, componiendo todos juntos una especie de campo global. El mismo hecho de la detección de esa conciencia implica que la mente puede ejercer efectos sobre la materia más allá de las fronteras del espacio y el tiempo, aunque todavía se ignora cómo y por qué es así. Pero es innegable que se trata de una realidad científica.

El Proyecto Conciencia Global dispone de una red mundial de detectores, todos ellos conectados con un ordenador central en la Universidad de Princeton, que recibe los datos a través de conexiones permanentes a Internet y posibilita su análisis conjunto.

Gracias a las anomalías generadas por la conciencia humana, esta red ha sido capaz de detectar acontecimientos tan graves o emotivos como el atentado de las Torres Gemelas de Nueva York o los de Madrid y Londres, los funerales de la princesa Diana y el tsunami del sureste asiático. La palabra clave en todos los casos es la «compasión».

El inicio del registro centralizado de datos comenzó en 1998, y la red cuenta hoy con más de un centenar de detectores repartidos por todo el mundo. En 2006 se instaló uno de ellos en Sevilla, y recientemente otro en Madrid. El acceso a los datos registrados es público, y pueden encontrarse en el sitio web del proyecto: *http://noosphere.princeton.edu*.

Los detectores de anomalías que componen la red del Proyecto Conciencia Global se denominan EGG, 'huevo' en inglés. Su nombre proviene de una palabra inventada por los creadores del proyecto: ElectroGaiaGrama, algo así como el «encefalograma» de Gaia, entendida ésta como el conjunto de la vida que sostiene el planeta Tierra.

Cada EGG —un pequeño dispositivo electrónico dentro de una caja metálica de 4 × 3 cm— genera secuencias de bits de un modo aleatorio y los envía a un servidor central en Princeton. El análisis de la desviación entre los 0 y los 1, que deberían generarse en igual cantidad estadísticamente, es la base de los estudios del proyecto.

26 / 100

¿RUSOS EN LA LUNA?

3 de julio de 1969. Cosmódromo de Baikonur (actual República de Kazajistán). Un enorme cohete N-1 explota antes de levantarse del suelo, provocando la destrucción de una parte de las instalaciones de la base. Dos semanas después, el cohete Saturno V, que lleva en su cápsula a Neil Armstrong, Edwin Aldrin y Michael Collins, en la célebre misión Apolo XI, se alza con éxito en dirección a la Luna. Cuatro días más tarde, EE. UU. conquista nuestro satélite y cumple con la promesa de John F. Kennedy de poner a un ser humano en la Luna y traerlo de vuelta antes del final de la década. Aunque él no pudo verlo, este momento crucial en la historia de la humanidad pudo haber sido muy diferente.

La desclasificación de los documentos relacionados con la carrera espacial soviética no llegó hasta el año 1989, en plena Perestroika de Gorbachov. Estos documentos, que empezaron a conocerse a partir de 1991, incluyen los datos referentes al intento soviético de adelantarse a los enemigos norteamericanos en la conquista de la Luna: el Proyecto N1/L3.

Si no se hubiera producido el accidente del cohete N-1 en el cosmódromo de Baikonur, y el resto de la misión hubiera seguido su curso sin contratiempos, los rusos habrían sido los primeros humanos en conquistar la Luna. No fue así, y este honor corresponde a los norteamericanos. Pero ¿cómo hubiera sido el curso de los acontecimientos? Hagamos un poco de historia-ficción... El francés Jean-Marie Le Cospérec ha realizado diversas infografías y vídeos que recrean momentos reales e imaginarios de la carrera espacial, empleando el software de libre distribución Celestia. Según él, la llegada del «hombre soviético» a la Luna se habría desarrollado de este modo:

1. 3 de julio de 1969. El cohete N-1 llega a la base de lanzamiento por ferrocarril. Se trata de un viaje de unos 30 km desde la planta tecnológica en que ha sido ensamblado.

2. El cohete se pone en posición vertical junto a la plataforma de lanzamiento. Sus depósitos de combustible se cargan y se verifica que todo está en orden.

3. Suben a bordo los cosmonautas elegidos para la misión: Aleksei Leonov y Oleg Makarov. Se retira la torre de lanzamiento para ultimar el despegue.

4. El N-1 se eleva sobre el suelo hasta una altura de casi 50 km, gracias a los 30 reactores que forman el llamado «bloque A». Su velocidad va en aumento.

5. Se separa el «boque A» y se enciende la segunda fase del cohete, el «bloque B», dotado de 8 motores. Continúa la ascensión hasta agotar el combustible de esa fase, a la que sigue el llamado «bloque V», que lo lleva hasta una órbita terrestre.

6. Las distintas fases del cohete se van separando, hasta que, tras un giro orbital, los motores del «bloque G» se encienden para impulsarlo definitivamente hacia la Luna.

7. 7 de julio. Se ha completado el viaje hasta nuestro satélite. Se activa el módulo lunar, denominado LOK. Es el momento de separar el «bloque G» y dejar libre el LK, o módulo de alunizaje.

8. El LK, pilotado por Leonov, desciende en altura y reduce su velocidad hacia el punto prefijado para el alunizaje, verificado desde el LOK, que sigue una órbita lunar a algo menos de 100 km de altitud con Makarov a bordo.

9. El módulo de alunizaje enciende sus tres motores y, reduciendo su potencia en posición vertical, se posa al fin en la polvorienta y oscura superficie del satélite.

10. La comunicación entre Leonov y la base en la Tierra se realiza a través de una conexión con el LOK. El cosmonauta recibe la orden de abandonar el módulo lunar y pisar la Luna.

11. Sale del módulo en su solitario paseo, durante el que instala diverso instrumental científico y toma imágenes con su cámara, además de recoger muestras de rocas y plantar la bandera soviética.

12. El regreso comienza algunas horas más tarde, elevándose de nuevo sobre la Luna con los motores del módulo LK. Ya en órbita,

se procede al reacoplamiento de éste con el LOK, donde lo espera Makarov.

13. Debido a la menor gravedad lunar, el regreso requiere menos combustible y potencia en los motores. El 10 de julio de 1969, Leonov y Makarov regresan a la Tierra como héroes.

27 / 100

EL CADÁVER QUE ENGAÑÓ A LOS NAZIS

Cualquier intento de definir a William Martin es inexacto: fue un espía que engañó a los nazis, aunque no era un espía; un hombre que nunca existió, aunque sí existió; alguien que hizo una labor, después de muerto, de la que nada supo en vida... Este enigma se resuelve —en parte— cuando descubrimos que William Martin fue un nombre inventado por los servicios de inteligencia británicos, encarnado por un hombre muerto al que convirtieron en espía. Una historia completamente real y fascinante.

Del enigmático «hombre que nunca existió» se ha escrito mucho e incluso se llegó a hacer una película. Situémonos. Año 1943, el primero en que comienzan las derrotas nazis en la II Guerra Mundial. Los aliados preparan acciones bélicas contra Alemania en diversos frentes, operaciones secretas que deben mantenerse así gracias a los servicios de inteligencia. En este marco surge un plan casi increíble que, sin embargo, engañó por completo a los nazis.

Oscar Wilde dijo que es más fácil creer lo inverosímil que lo improbable. Quizá eso sucedió en este episodio de la guerra, cuyo teatro de operaciones fue el sur de España, concretamente las costas de Huelva. Algo que puede sorprender, pero no es tan extraño: la España de Franco, oficialmente neutral, dejaba campar a sus anchas a los agentes del III Reich. La operación protagonizada por William Martin recibió el nombre en clave de Mincemeat ('carne picada'). El peculiar sentido del humor inglés es patente en la elección de ese nombre, ya que William Martin estaba muerto. Un submarino lo dejó durante la noche, cerca de la costa, vestido con el uniforme de la Marina británica y una cartera llena de documentos secretos. Era de suponer, y así sucedió, que las autoridades españolas pusieran en conocimiento de los alemanes el hallazgo, lo cual justamente pretendían los ingleses.

En su cartera, el supuesto oficial llevaba documentos que contenían falsas referencias a la futura invasión aliada desde el Mediterráneo. La operación real tendría como objetivo la isla italiana de Sicilia, pero se hizo creer a los nazis que las operaciones se desarrollarían contra la también italiana isla de Cerdeña y la zona de los Balcanes. Esto hizo que las fuerzas alemanas, concentradas en Sicilia, se dividieran entre los diversos posibles frentes, lo que facilitó el éxito de la invasión.

Pero ¿quién era realmente William Martin? ¿Un oficial británico? ¿Un soldado caído, al que «reciclaron» como supuesto espía? Nada de eso. William Martin nunca existió. Oficialmente, su cuerpo pertenecía a un hombre que murió de neumonía, por lo que se pudo simular que se había ahogado, ya que los pulmones estaban llenos de líquido.

Hay una pregunta que sigue en al aire al respecto del caso de William Martin: ¿quién es el hombre que le «prestó» su cuerpo? En el cementerio de Huelva hay una tumba dedicada al espía británico, en cuya fosa descansan los restos del hombre real. Se ha especulado mucho con la identidad del desconocido. Algunos creen que fue un mendigo de origen galés llamado Glyndwr Michael, o quizá Michael Glyndwr; otros, un marinero que murió ahogado. La verdad está en un oscuro cajón. Quizá algún día salga a la luz.

28 / 100

SANGRES MILAGROSAS

Todos los años, el primer sábado de mayo y cada 19 de septiembre, se repite en Nápoles un ritual centenario. Miles de fieles, turistas o simples curiosos se agolpan en el interior de la catedral de esta ciudad italiana y en las calles que la circundan. En muchos rostros hay una expresión dubitativa o incrédula. Pero lo que muestra la inmensa mayoría de los asistentes es una profunda expectación. Y no es para menos. Los napolitanos tienen una confianza casi ciega en la capacidad premonitoria que protagonizan las reliquias de su santo patrón, san Genaro —o Jenaro—: su cabeza decapitada y dos pequeños frascos que contienen parte de su sangre.

Casi toda esa supuesta sangre está contenida en el frasco de mayor tamaño. En la ampolla más pequeña también hay restos de aspecto sanguinolento. Ambos recipientes están sellados dentro de un relicario circular de plata. Durante la ceremonia, el cardenal que suele presidirla la agarra por una especie de mango y la muestra a la multitud. Sin tocar nunca los cristales que protegen los frascos y con sumo cuidado, va moviendo la reliquia a un lado y a otro. Si la sangre no llega a licuarse, se interpreta como el aviso de una gran tragedia. En las pocas ocasiones en que se mantuvo sólida ocurrieron desgracias de diversa índole. En 1456 precedió a un terremoto, que provocó destrozos en la propia catedral. En 1527 fue el preludio de una gran epidemia. Tampoco se licuó en las erupciones del Vesubio de 1872 ni justo antes del inicio de las dos guerras mundiales, en 1914 y 1939. El último caso famoso ocurrió antes del terremoto que azotó Nápoles en 1980, causando cerca de tres mil muertos.

La milagrosa licuefacción de la sangre de san Genaro probablemente es la más famosa. Pero hay otra sangre milagrosa que compite con ella. Se supone que perteneció a san Pantaleón y está en nuestro país, en el real monasterio de la Encarnación de Madrid. Curiosamente, esta sangre fue traída a la capital de España desde la localidad italiana de Ravello, situada a ochenta kilómetros escasos de Nápoles.

La sangre de san Pantaleón se licua sólo una vez al año, durante la vigilia previa a su festividad —en la noche del 26 al 27 de julio—. Como en el caso de san Genaro, el hecho de que no llegue a licuarse parece también anunciar catástrofes más o menos inminentes. El milagro no ocurrió en vísperas de la I Guerra Mundial ni tampoco en 1936, al inicio de la Guerra Civil.

San Pantaleón pertenecía a una rica familia pagana y practicaba con gran éxito la medicina antes de renunciar a todo en favor de la fe cristiana y los más necesitados. Lo que le hizo cambiar de vida fue nada menos que resucitar, invocando a Cristo, a un niño que había muerto por la mordedura de una serpiente. A ese primer milagro le siguieron otros, hasta que fue hecho preso durante las persecuciones ordenadas por el emperador romano Diocleciano.

Sus captores intentaron hacerle renegar de su fe, pero Pantaleón no sólo se negó, sino que curó a un paralítico para dejar clara su postura al respecto. Eso le valió la pena de muerte, y ahí es donde el antiguo médico se ganó su fama de santidad. Intentaron matarlo de varias terribles maneras: quemándolo en una hoguera, haciéndole tragar plomo fundido, arrojándolo al mar desde un barranco con una roca atada al cuello y lanzándolo en mitad de unas bestias hambrientas. No obstante, Pantaleón resistió una y otra vez. El fuego y el plomo no le hicieron mella, regresó a la orilla caminando sobre las aguas, y las fieras no se atrevieron a tocarle. Al final murió decapitado junto a un olivo al que le habían atado. Pero sólo porque él mismo lo consintió, seguramente para alivio de sus frustrados verdugos.

Se cuenta que la sangre que brotó de su cuerpo hizo florecer al olivo, y que parte de la misma fue recogida por unos fieles seguidores. Ésa es la misma sangre que, se supone, acabó siglos más tarde llegando a Ravello, y después, a comienzos del siglo XVII, al monasterio de la Encarnación de Madrid, con constancia escrita desde 1645.

29 / 100

¿TIENEN EXPLICACIÓN LOS MILAGROS?

Si atendemos a la definición de milagro dada por san Agustín, se trata de un prodigio que escapa a nuestra capacidad de comprensión, obrado por Dios, ya sea de un modo directo o por intercesión de los santos. Pero, si intentamos excluir a la divinidad del prodigio en sí, no tenemos otra opción que recurrir a la explicación científica.

Arthur C. Clarke, el célebre autor de *2001: una odisea del espacio*, afirmó que una tecnología lo bastante avanzada es indistinguible de la magia. Y de hecho lo es. Como también ciertos fenómenos físicos que desconocemos a fecha de hoy. Ésta es la cuestión principal: ¿qué es un milagro? Imagínese en la piel de un hombre primitivo en la Edad de Piedra a quien se le mostrara un simple mechero actual. Un objeto que «milagrosamente» es capaz de producir una llama y con esta prender el ansiado fuego. O que viera a dos personas modernas hablando por teléfono móvil. Y qué decir de la televisión (podría ser la «imagen de Dios») o un avión (la «nave voladora de los dioses»).

El hecho es que aún hoy existen prodigios que escapan a nuestro entendimiento y que nos parecen verdadera magia. Nuestra perspectiva cultural nos hace pensar que todo tiene explicación o que la tendrá en algún momento del futuro. La conclusión científica más probable es que los milagros surgen desde una doble vía. La primera, que ciertas aparentes violaciones de las leyes físicas no son tales, sino procesos poco conocidos o aún no comprobados en laboratorio, aunque reales. La segunda, la falsedad testimonial no necesariamente voluntaria. Así, los milagros quedan en un terreno difuso en el que una parte es real y otra imaginaria, entremezcladas por la credulidad o ignorancia de los testigos e incluso de los protagonistas. Puede parecer que ello los invalida, pero nada más lejos de la realidad: los hace todavía más enigmáticos y misteriosos, ya que la ciencia no es capaz de discriminarlos sin más, como sí hace con un truco de prestidigitación, por ejemplo.

30 / 100

LUGARES MALDITOS

El mundo está lleno de casas «malditas», donde han sucedido crímenes que aún tienen eco en fenómenos extraños o donde parece haber una energía maligna que lleva a sus habitantes a perder la razón y cometer crímenes. Pero una de ellas destaca por su historia y por la importancia de la familia propietaria: la Casa Winchester.

Oliver Winchester se hizo famoso a mediados del siglo XIX por fabricar el rifle de repetición que lleva su nombre, y que fue una de las armas más utilizadas durante la Guerra de Secesión y la conquista del Oeste. Su viuda, Sarah, fue quien empezó a construir una casa que no dejó de crecer hasta su muerte, acaecida 38 años después del comienzo de las obras, que se prolongaron de 1884 a 1922.

Esta obsesión tuvo su origen en el augurio de una vidente a la que Sarah consultaba, que le advirtió de que los espíritus de los miles de muertos por los rifles de su marido necesitaban un lugar donde morar, y que si finalizaba la casa se volverían contra ella clamando venganza. El laberíntico inmueble se halla en San José (California, EE. UU.), tiene centenares de habitaciones, escaleras que no llevan a ninguna parte, ventanas que no se abren al exterior y numerosos corredores y espacios secretos.

El edificio Dakota de Manhattan saltó a la fama mundial en 1980, con el luctuoso motivo del asesinato de John Lennon a sus puertas. Pero desde mucho antes, este inmueble, construido en el siglo XIX, dio que hablar; incluso a la prensa, que llegó a tacharlo de «edificio maldito».

En él han vivido personajes tan famosos como Lauren Bacall, Leonard Bernstein, Ryan O'Neal, Paul Simon, Jennifer Lopez, Bono, Alec

Baldwin... En el terreno de la leyenda queda si también lo ocupó el mago satánico Aleister Crowley, que, según esa misma leyenda, practicó rituales de magia negra en su interior. También se dice que hubo sesiones de espiritismo, protagonizadas por el actor Boris Karloff, y hasta que se han producido fenómenos de casa encantada, ruidos inmotivados, presencias, etc.

Lo que sí es cierto es que en él se rodaron los exteriores de la película *La semilla del diablo*, de Roman Polanski, algo que pareció atraer la maldición sobre su familia, ya que más tarde Charles Manson asesinaría a su esposa, Sharon Tate, en su mansión de Bel Air en Los Ángeles (mansión, por cierto, que fue demolida por su fama de maldita).

31 / 100

EINSTEIN Y LA TELEPATÍA

Para muchos, Albert Einstein es la mente racional por excelencia. Siendo así, choca bastante saber que se sintió muy atraído por el fenómeno de la telepatía, al que él atribuía una base puramente física. Incluso escribió una carta que sirvió de prólogo al libro *Mental Radio*, de Upton Sinclair, y es digna de mención una experiencia personal, en su propia casa, con Sigmund Freud y un telépata llamado Messing. Según se cuenta, Freud transmitió mentalmente a este último que fuera en busca de unas pinzas al cuarto de baño, regresara con ellas y le arrancara tres pelos del bigote a su anfitrión. Así lo hizo, con lo que Einstein quedó sumamente sorprendido (en más de un sentido, como es de suponer).

En su juventud, Einstein conoció al psiquiatra Carl Jung, en cuyas ideas influyó notablemente. Ambos compartieron un gran interés por la misteriosa mente humana, aunque con perspectivas distintas. Einstein transmitió a Jung, a través de los conceptos de la relatividad del espacio y el tiempo, ideas que guardan mucha relación con la teoría de la «sincronicidad» de Jung y sus «coincidencias significativas». Según esta teoría, hay relación entre hechos del mundo físico y nuestros estados mentales, de manera que, a veces, aquéllos responden de algún modo, u ocurren, por influencia de éstos.

Es una teoría que puede o no admitirse. En estos asuntos, como en otros, quizá lo más sensato sea seguir la recomendación del científico Carl Sagan, que, en una ocasión, dijo que no se puede creer en todo ni tampoco no creer en nada, y más que nadie los científicos. Lo primero lleva a recorrer caminos alejados de la realidad y lo segundo impide descubrir nada nuevo.

Por cierto, el cerebro de Einstein es un enigma científico. Su peso es sensiblemente inferior al de un cerebro medio —más de un 10%—, la corteza cerebral es estrecha y su forma muy ancha, y la densidad de conexiones neuronales que posee es enorme.

32 / 100

CONTROL MENTAL

El control mental es uno de los temas favoritos de la «teoría de la conspiración». Y, al menos por una vez, esas teorías son auténticas. Varios gobiernos del mundo han estudiado el modo de manipular el cerebro de las personas, usando para ello técnicas distintas, que incluyen el uso de drogas diversas o de la hipnosis.

A principios de los años cincuenta, el gobierno de Estados Unidos, a través de la CIA, creó programas de control mental. Sus enigmáticos nombres son hoy conocidos, gracias a la desclasificación de documentos que, hasta hace poco, fueron secretos: Artichoke, MK-Ultra o MK-Search. Una de sus metas era lograr el control de un individuo para que obedeciera instrucciones contrarias a su propia voluntad o a su instinto de conservación. Estos proyectos se mantuvieron durante un cuarto de siglo, al menos oficialmente, por lo que resulta más que probable que se obtuvieran resultados positivos. En la extinta Unión Soviética se realizaron también proyectos similares, aún menos escrupulosos que los de los americanos, y de los que sólo ahora empieza a saberse algo.

El prefijo «MK», que antecede al nombre de los proyectos de la CIA, es la abreviatura fonética de «Mental Control», control mental. Estos proyectos no sólo analizaban la manipulación de los cerebros de las personas. Uno de los subproyectos de MK-Ultra, conocido por el nombre en código «83», se dedicaba a estudiar la percepción extrasensorial y sus posibles usos militares o para espionaje. El proyecto 83 fue oficialmente desmantelado en 1984, aunque hay quien afirma que en realidad continúa y que es más secreto que nunca.

El ser humano es una «máquina biológica» que incluye a su cerebro, y por ello debe existir la posibilidad de manipularlo y controlarlo. Así lo demostró en la práctica un científico español que trabajó para el Gobierno de Estados Unidos en programas secretos de la CIA: el doctor José Manuel Rodríguez Delgado. A él se debe el descubrimiento del *stimoceiver*, un dispositivo electrónico implantando en el cerebro que permite influir en el comportamiento. Rodríguez Delgado afirmó que, aunque fuera algo triste, es posible controlar la conducta de un ser humano como si se tratara de un juguete accionado por control remoto.

El eminente fisiólogo —un tanto frankensteiniano— se dedicó a desarrollar un microchip autónomo para ser implantado en el cerebro, y llegó a proponer ante el Congreso de Estados Unidos en los años setenta que éste fuera de uso obligatorio para todos los ciudadanos. Un medio, según dijo, de controlar a la población.

Según muchos investigadores, este microchip es una realidad desde hace algunos años; puede inyectarse en la médula ósea y autoimplantarse en la base del cerebro. Si es así, se trata del mayor ataque a la libertad individual que podemos concebir, ya que anula la independencia mental. Ni siquiera Jean-Paul Sartre podría ser libre en esa cárcel interior, que lleva hasta las últimas consecuencias las ideas expuestas en *1984* por Georges Orwell.

33 / 100

EXPERIENCIAS CERCANAS A LA MUERTE (ECM)

Hay personas que han estado clínicamente muertas y que, no obstante, han vuelto a la vida. Por lo general, las experiencias de estas personas coinciden en muchos puntos. Así, es normal ver un túnel que acaba en una luz blanca cegadora, y avanzar por él con una sensación de paz, acompañados por las voces de seres queridos ya desaparecidos y por imágenes de sus vidas, que pasan ante ellos como si se tratara de una película. Otras personas que han experimentado este fenómeno consiguen verse desde fuera de sus cuerpos. Existen casos documentados de personas que han descrito, al «resucitar», acciones del equipo médico o de los bomberos que no podían haber visto, por hallarse en estado crítico o de coma. Incluso existen casos en los que la persona consigue ver cosas fuera del hospital o lejos del lugar físico en que se encuentran.

La ciencia médica asegura que estas sensaciones las produce el cerebro a medida que el riego sanguíneo lo abandona. Pero eso no logra explicarlo todo, ni mucho menos.

Por otro lado, no todas las personas que regresan a la vida desde la frontera de la muerte relatan experiencias agradables y placenteras. Algunos —muy pocos, eso sí— tienen experiencias distintas. Las luces se convierten en sombras, y la sensación de paz se torna opresión y miedo. Los psiquiatras que tratan a pacientes con estas experiencias, por lo general, no hablan de ello. Iker Jiménez comenta ese hecho en su novela *Camposanto*, en la que dice que los profesionales guardan silencio para no asustarnos. Y con razón. Desde antiguo hay leyendas sobre una sombra sin rostro que aparece al final del túnel. Esto lo conocían ya los egipcios, y la misma tradición llegó luego a los persas. La luz blanca se torna rojiza. El muerto ve a alguien que sufre, un niño pequeño deforme o un anciano decrépito. Se percibe la llamada hacia un lugar al que no se quiere ir. Hay más personas al otro lado, personas que sufren y están mutiladas. Llaman al muerto y tratan de arrastrarlo con ellas. Quienes han regresado de esta experiencia terrible jamás olvidan la sensación de absoluto pavor que les hizo sentir.

Ante casos como éstos, hay una pregunta aún más dramática que la de si hay vida después de la muerte. Y es la de que, suponiendo que la existencia no termine con el fin de nuestro cuerpo, ¿qué vamos a encontrarnos? En nuestra cultura cristiana, hay una respuesta para ello: los justos irán a la gloria celestial, y los malvados al infierno. Y otras religiones y culturas tienen sus propias teorías al respecto. Pero ¿quién sabe cuál es la verdad?

Actualmente se está llevando a cabo en España en llamado Proyecto Túnel. Se trata de una iniciativa dirigida por el doctor José Miguel Gaona que cuenta ya con más de 5.000 seguidores en su página de Facebook. Entre ellos hay muchos simplemente interesados en las experiencias cercanas a la muerte (ECM), junto con varios cientos de aquellos que las han vivido en primera persona (entre un 8% y un 9% del total de miembros).

34 / 100

EL PODER DE LA HIPNOSIS

A muchas personas, la hipnosis aún les suena a algo misterioso, pero la verdad es que se trata de una técnica aceptada desde los años cincuenta del siglo XX por la comunidad médica y científica. En los últimos tiempos ha quedado un poco relegada del ámbito de la actualidad, y ya no es tan popular como en los años sesenta y setenta, pero sigue estando vigente y, poco a poco, se descubren nuevas aplicaciones terapéuticas (vencer fobias, traumas, etc.).

En un sentido general, la hipnosis conlleva un cambio en el estado mental del sujeto, que abre una puerta a su inconsciente para el hipnólogo (generalmente, un profesional de la psiquiatría o la psicología). Este cambio en el estado mental no siempre va asociado a un «trance» al uso, como el que ha calado en la imaginación popular por las películas o los programas de televisión. Lo más interesante de la hipnosis, por encima incluso de ese acceso al inconsciente del sujeto, es que éste recibe la sugestión del hipnotizador de diversas maneras, que incluyen órdenes posthipnóticas, y así —con un mayor o menor grado de interiorización y desconexión del mundo exterior— experimenta la realidad de un modo diferente al percibido en estado normal.

La hipnosis es tan terapéutica y eficaz como un bálsamo. Pero lo cierto es que, si se desconoce su buen uso, también puede ser peligrosa. Tan peligrosa como la medicina mal practicada. Todos hemos pasado alguna vez por la autohipnosis cuando, estando muy concentrados en una tarea, «perdemos la noción del tiempo». Sin embargo, dado que es una herramienta muy potente, en manos indebidas el peligro existe.

La ética profesional de los hipnólogos hace que sólo apliquen la hipnosis en los casos en que el paciente lo pida explícitamente, como una herramienta y una ayuda en muchas áreas de la psicología. Siempre se dice que no es posible afectar o alterar el código moral interno del sujeto, ya que se despertaría saliendo de la hipnosis. Y esto es cierto, pero no definitivo. Basta con dar un pequeño «rodeo»: si mediante la hipnosis se hace creer al sujeto que, por ejemplo, cierta persona es el demonio, ya no iría en contra de sus preceptos morales acabar con él. De hecho, durante la II Guerra Mundial se utilizó la hipnosis para crear asesinos despiadados, que sus mandos activaban con una palabra clave para matar.

35 / 100

LA AMENAZA DEL ESPACIO

Nuestro planeta cada vez menos azul lleva millones de años girando en su órbita en torno al Sol. Tiene a la Luna de compañera fiel, y diversos hermanos espaciales en el sistema: los planetas. Además, existen otros cuerpos celestes en nuestro espacio próximo, como son los cometas y asteroides, pedazos de materia que vagan por el espacio agrupados o en solitario. Y los hay de muy diversos tamaños. Algunos podrían incluso, por su masa y velocidad, acabar con la vida en la Tierra si llegaran a impactar contra ella. Ya ocurrió una vez, o eso se cree. Más aún: se supone que un meteorito mayor que el que propició la extinción de los dinosaurios, y dio paso al predominio de los mamíferos —de nosotros, al correr de la evolución—, ya impactó contra nuestro planeta anteriormente con consecuencias aún más catastróficas.

Como en un juego de azar, como en la lotería, es muy difícil que toque, pero alguna vez tiene que tocar. De hecho, no hace mucho, un asteroide lo bastante grande como para provocar un cataclismo planetario nos «rozó» a varios cientos de miles de kilómetros... ¡Y lo peor es que los científicos sólo se dieron cuenta de ello cuando ya nos había sobrepasado! Esto da miedo, aunque debemos confiar en la buena suerte y en que no seamos víctimas de un incidente destructivo total hasta que seamos capaces de detectarlo con tiempo y desviarlo, como en la película *Armageddon*, de hace unos años.

Pero, al margen de esos grandes destructores espaciales, los meteoritos son también sujeto de estudio científico, e imprescindibles objetos extraterrestres que nos aportan datos valiosos sobre el universo, la vida, el origen de este misterio que nos rodea, nos engloba, del que formamos parte, y que aún somos incapaces de comprender mínimamente. Aunque se trata de mejorar el conocimiento por medio del estudio multidisciplinar en lo que se ha dado en llamar exobiología o astrobiología.

Con el nombre de Suceso KT se conoce al evento que tuvo lugar hace casi 100 millones de años y que acabó con muchas de las especies animales y vegetales de nuestro planeta, incluyendo los dinosaurios. Muchas son las teorías que pretenden explicar este fenómeno, pero una de las más consistentes es la del impacto de un asteroide, que cobró fuerza a partir de 1980.

Fue en este año cuando un grupo de científicos, el equipo Álvarez, descubrió en Italia una anormal acumulación de iridio que apuntaba a un posible origen extraterrestre. Posteriores hallazgos similares en el resto del mundo afianzaron esta teoría. Pero si aquello procedía de un meteorito capaz de extinguir la vida en un planeta, tendría que haber dejado una enorme marca en el suelo.

Por eso, en 1990, Alan Hildebrand, comenzó el estudio del cráter Chicxulub, en México, hasta encontrar suficientes pruebas como para demostrar que había sido producido por un impacto hace 65 millones de años.

Esperemos que las estadísticas acierten y no se repita en mucho tiempo un impacto como el de Chicxulub. Aunque, como dijo Darth Vader: «La posibilidad de destruir un planeta es algo insignificante comparado con el poder de la Fuerza.»

36 / 100

MAX SCHRECK, EL VAMPIRO ACTOR

Por una cuestión de derechos de autor, la primera gran película sobre la figura del vampiro no se tituló *Drácula*, como la novela de Bram Storker. La productora cinematográfica tuvo que usar otro título: *Nosferatu, el vampiro*. Quizá los más jóvenes esbocen una sonrisa al ver a ese Nosferatu mudo y en blanco y negro, expresionista a más no poder, levantándose de su ataúd rígido y como por resorte. Pero hay generaciones de cinéfilos que han tenido pesadillas con el vampiro encarnado por Max Schreck.

Este actor —cuyo apellido significa 'susto' o 'miedo' en alemán— era un consumado intérprete teatral que se inició en el cine mudo con *El alcalde de Zalamea*, película basada en el drama de Calderón de la Barca. En 1922 le llegó su gran oportunidad con *Nosferatu*, protagonizada por él como el conde Orlock, un *alter ego* bastante evidente del conde Drácula.

La leyenda dice que Schreck era realmente un vampiro, y que por eso el director de la película contó con él en un rodaje lleno de misterio y peripecias. Incluso se llegó a afirmar que el mordisco final de Nosferatu a la doncella fue auténtico. Lo más inquietante es que, a pesar de que algunos historiadores del cine han asociado a Max Schreck con el actor Alfred Abel, nadie sabe a ciencia cierta quién era en realidad, ya que la caracterización para el personaje hace virtualmente imposible comparar su rostro con el de Abel en cintas como *Metropolis* o *El doctor Mabuse*.

Schreck murió, supuestamente, en 1936 de un ataque al corazón. Si su muerte fue real o fingida es también un enigma, a pesar de los intentos de reconstrucción biográfica de autores tan importantes como Stefan Eickhoff. Puede que Nosferatu, el Nosferatu real, siga aún deambulando por este mundo con su inagotable sed de sangre.

37 / 100

PETER PLOGOJOWITZ: ¿UN AUTÉNTICO VAMPIRO?

El caso del serbio Peter Plogojowitz no es el de un loco o un asesino en serie aficionado a beber la sangre de sus víctimas. Su caso apunta directamente a un vampiro real; un no-muerto al mejor estilo de las antiguas leyendas del este de Europa.

Este hombre murió en 1728 cuando contaba 62 años. Hasta ahí, todo normal. Pero, ya enterrado, salió de su tumba tres días después para visitar a su hijo y pedirle un poco de comida. Espeluznado por la aparición del padre muerto, el hijo le dio lo que pedía y Peter se fue. Pudo tratarse de una vívida pesadilla, pero es que el no-muerto regresó a las dos noches con la misma petición. Esta vez el hijo le negó el alimento, como le habían recomendado, y a la mañana siguiente apareció muerto.

A partir de ese momento algunos habitantes de la aldea del «vampiro» empezaron a sentirse enfermos, cansados, sin energía. El médico lo atribuyó a una inexplicable pérdida de sangre, diagnóstico al que llegó —sin ser una lumbrera— porque todos ellos declararon haber soñado con Plogojowitz, que los visitaba mientras dormían y les mordía en el cuello para chuparles el líquido de la vida. Cierto o no, el caso es que varios murieron en los siguientes días.

La zona estaba bajo el dominio austriaco, de modo que se informó a las autoridades imperiales y se decidió exhumar el cadáver de Plogojowitz. Se cuenta que sus ojos estaban abiertos, aunque no mostró reacción alguna. Respiraba lentamente, se le veía bastante lozano para estar muerto y tenía nada menos que un reguero de sangre en sus labios. Con la misma sagacidad del médico, el enviado imperial concluyó que aquel hombre era un vampiro, así que pidió al verdugo que le atravesara el corazón con una estaca y luego ordenó que su cuerpo fuera incinerado.

También se desenterró a sus supuestas víctimas por si se habían convertido igualmente en no-muertos. No se vieron signos de ello, pero se optó por curarse en salud: volvieron a inhumarse y sus tumbas se cubrieron con espinos y ristras de ajo. Los problemas, eso sí, terminaron en la aldea.

38 / 100

VISIONARIOS DEL FUTURO

La ciencia-ficción ha tratado siempre de adelantarse al futuro. Casi nunca lo ha conseguido, o por ser demasiado fantasiosa o —¡increíble!— por quedarse corta. Sin embargo, en ciertas ocasiones sí ha acertado de pleno. Los grandes autores de este género han creado incluso modelos sociales futuristas, con grandes fallos, grandes aciertos y pronósticos para el futuro.

El escritor francés Julio Verne es, posiblemente, el mayor visionario científico de todos los tiempos, un agudísimo observador de los avances de su tiempo y un gran lector, siempre atento a las novedades. Predijo, aunque no con su desarrollo técnico real, el submarino nuclear, los viajes espaciales y la conquista de la Luna, las máquinas voladoras más pesadas que el aire, el sistema de iluminación de las grandes ciudades, las comunicaciones digitales... Un auténtico genio que también se equivocó, por supuesto, como cuando imaginó el viaje al centro de la Tierra, que hoy sabemos imposible.

A diferencia de Julio Verne, H. G. Wells pretendía sobre todo transmitir un mensaje social con sus obras de ciencia-ficción. Era un hombre progresista y muy comprometido políticamente. Es cierto que escribió cosas imposibles, como la invasión de la Tierra por parte de los marcianos, pero no era su intención ser realista en ese aspecto. En otro sentido, anticipó la «máquina del tiempo», cuya posibilidad fue abierta por la teoría de la relatividad de Einstein; la invisibilidad, que se está desarrollando en varios laboratorios militares del mundo, y las bombas atómicas antes de que la reacción nuclear en cadena fuera descubierta en Austria por Otto Hahn y Lise Meitner.

Arthur C. Clarke ha sido uno de los autores de ciencia-ficción del siglo XX más preocupados por introducir ideas «realistas» en sus obras. Entre sus logros está el anunciar el satélite de telecomunicaciones en órbita geoestacionaria, lo que provocó risas entre la comunidad científica de su tiempo. Otra de sus grandes ideas, quizá posible cuando la nanotecnología se desarrolle más, es el «ascensor espacial», una inmensa columna que conectará la Tierra con el espacio.

Junto al célebre director de cine Stanley Kubrick creó *2001: una odisea del espacio*. Esta película mítica de 1968 anticipó la estación espacial, la gravedad artificial, la inteligencia artificial... Por su parte, Kubrick también retrató una sociedad enfermiza y deshumanizada en *La naranja mecánica*, de Anthony Burgess.

Isaac Asimov es un verdadero autor de culto y quizá máximo responsable, junto con Clarke, de que la ciencia-ficción se haya tomado en serio sobre todo por su saga *La fundación*. Su hondura científica y filosófica está presente en todas sus obras. Un ejemplo de ello es la megacomputadora del relato *La última pregunta*, que recuerda al «calculador divino» de Pascal. También al igual que Clarke, algunas de sus ideas han pasado al campo de la ciencia real, como las archiconocidas tres leyes de la robótica:

– Un robot no puede dañar a un ser humano ni permitir que un ser humano sufra daño.

– Un robot debe cumplir siempre las órdenes de los seres humanos, salvo cuando éstas entren en conflicto con la primera ley.

– Un robot debe proteger su propia integridad, salvo cuando esta protección entre en conflicto con las leyes primera o segunda.

Más tarde, Asimov introdujo una cuarta ley, a la que numeró con el cero para indicar que debía ser anterior a la primera: un robot no puede dañar a la humanidad ni permitir que la humanidad sufra daño.

La saga *Star Trek*, creada por Gene Roddenberry, tiene mucho de fantasía pero no tanto como parece, ya que siempre ha tratado de basarse en ciencia auténtica. El «motor de curvatura» (o *warp*), con el que se desplaza el espacio y no la nave, está basado en una teoría física auténtica. *Star Trek* también hizo popular la teleportación y concibió el mundo futuro de la humanidad de un modo muy esperanzador, con el fin de las guerras, el hambre y todos los males de nuestra sociedad. Centrándonos en lo que fue ciencia-ficción en la serie y hoy es real, podemos citar el teléfono móvil, las *tablets* o el *bluetooth*.

39 / 100

¿ESTAMOS DISEÑADOS POR UNA INTELIGENCIA SUPERIOR?

Algunos científicos sostienen que la evolución de las especies, enunciada por Charles Darwin, ha sido demasiado rápida y tiene puntos oscuros. Sus estudios parecen afirmar que la evolución darwinista puede cuestionarse bajo el prisma de unas necesidades temporales mayores que las reales, es decir, que las especies no han tenido el tiempo necesario para evolucionar por sí mismas. Esta teoría ha llevado al nacimiento del «movimiento del diseño inteligente». Para sus seguidores, una inteligencia exterior a la Tierra, divina o alienígena, tuvo que actuar en algún momento para provocar un «salto» en la evolución.

La teoría del diseño inteligente ofrece otro paradigma en biología, otro modelo, que se basa en la evidencia de que ha intervenido una inteligencia en el desarrollo de las especies vivientes. Constata que la vida no se puede explicar por azar, tiempo o mutaciones. Según esto, la biología debería cambiar a un modelo que aceptase que la complejidad de la información que hay dentro del núcleo de las células no se puede atribuir sólo a esos factores. Y así, el diseño inteligente propone un nuevo modo o sistema de entender la biología, no darwinista, que implica la necesidad de esa inteligencia en el diseño de la vida. El ADN es un manual de instrucciones tan complejo que no puede explicarse por causa del azar y del tiempo.

Charles Darwin propuso que todo lo que existe es el resultado de una selección natural. Propuso que el mecanismo que hizo que unas especies se convirtieran en otras funciona de esa manera. Unos individuos sobreviven y otros no, y así va produciéndose la evolución de una especie. El neodarwinismo habla no sólo de la selección natural, sino también de las mutaciones, que son el mecanismo íntimo de este cambio. Pero ahora que se conoce el material genético, que se sabe que las leyes de la herencia residen en la carga genética de cada una de las especies, se plantea una gran pregunta: ¿cómo pudieron cambiar unas especies en otras más complejas?

No se conoce ningún mecanismo biológico que produzca un incremento de información en el ADN de una especie para mejorarla. No se sabe qué mecanismo ha podido incrementar la información en el núcleo celular para conseguir que una especie se haga mejor, más evolucionada. Ésa es, según el diseño inteligente, la errónea base de la teoría de la evolución de Darwin.

Si uno estudia la complejidad del ADN, la cantidad de información contenida en cada una de nuestras células, se da cuenta de que es equivalente a la información de una biblioteca con mil doscientos libros, cada uno del grosor del Quijote. Eso es increíblemente complejo, porque no se trata de repeticiones de secuencias. Cada frase, que sería equivalente a un gen, tiene un sentido. Si una sola letra de una frase está fuera de sitio, una sola de los tres mil millones de letras de nuestro ADN está fuera de sitio, la persona puede nacer ciega o morir antes de nacer. Pensar que la organización de todo esto se debe al puro azar y al transcurso del tiempo viola cualquier estudio matemático, cualquier análisis de probabilidades.

40 / 100

HITLER Y LA PROVIDENCIA

Si es que la Providencia, con mayúscula, existe, jugó una muy mala pasada a la humanidad cuando Adolf Hitler era apenas un jovencito con deseos de convertirse en pintor. A pesar de que sus obras —algunas de las cuales aún se conservan— son vulgares al decir de los expertos en arte, lo cierto es que no parecen tan malas como para no ser ni siquiera admitido como estudiante en una escuela de bellas artes. Fue en Viena donde Hitler intentó orientar su vida hacia la pintura. Realizó el examen de ingreso en 1907, con dieciocho años, y lo repitió al año siguiente. Todos conocemos el resultado…

Después de este fracaso, su carácter se agrió. Incluso llegó a odiar la ciudad de Viena y a los vieneses. Allí se fraguaron sus primeras ideas que luego plasmó en *Mein Kampf* —*Mi lucha*—, obra escrita al dictado en prisión por el fallido Putsch de Múnich a su secretario personal Rudolph Hess. Durante algún tiempo malvivió en un hogar de beneficencia, ganándose la vida —irónicamente— pintando carteles para pequeños negocios. Sin embargo, se sentía frustrado y sólo trabajaba cuando tenía auténtica necesidad. Ya entonces se consideraba destinado a conquistar grandes metas, guiado por una mano invisible, por la fuerza superior de la Providencia.

Con independencia de sus creencias más íntimas, Hitler tuvo contacto en su juventud con círculos ocultistas, como las sociedades Vril y Thule. No se ha podido demostrar fehacientemente que creyera en profecías o videntes —a diferencia del líder de las SS, Heinrich Himmler—, pero lo cierto es que toleró las prácticas ocultistas en la Alemania nazi. En todo caso, los nazis mantenían un cierto sentido religioso basado en una mezcla de mitología nórdica, filosofía oriental y un toque de cristianismo. En uno de sus multitudinarios discursos, celebrado para ensalzar a las SS, Hitler comparó la figura de su jefe supremo, Heinrich Himmler, con san Ignacio de Loyola y a las SS con la Compañía de Jesús. En otros momentos, Hitler daba gracias a Dios o le pedía que guiara los destinos de Alemania —por supuesto, a través de su persona y liderazgo—. En ese marco sincrético, la Providencia siempre estaba presente. Hitler creía en unas fuerzas superiores y tenía un agudo deseo de trascendencia. Además de su convencimiento personal de estar guiado por esas fuerzas, Hitler también les atribuía el destino de sus ejércitos y hasta del pueblo alemán, como valedor de todos sus delirios de grandeza.

El momento clave en el surgimiento de la idea providencial en la mente de Hitler ocurrió durante la Primera Guerra Mundial. Una noche, durante la cena, salió de pronto a la trinchera. No lo hizo para fumar un cigarrillo, porque Hitler no fumaba ni bebía, era vegetariano y poco mujeriego. Lo hizo porque una voz se lo ordenó. De improviso, en plena oscuridad, el inconfundible sonido de una granada de obús llenó el espacio. Casi al instante, la explosión alcanzaba la camarilla, matando a todos sus compañeros.

Sea cierto o una elucubración posterior, Hitler siempre sostuvo, en entrevistas y discursos, la versión de que una voz lo llamó desde su interior, que le impulsó a salir afuera y a la que, durante el resto de su vida, atribuyó el haberse salvado. A partir de entonces, el futuro Führer se sintió guiado hacia los grandes logros a los que, en todo caso, ya se creía destinado. Y, en cierto modo, eso resultó verdadero, aunque sus grandes logros se cuentan entre los más funestos de la historia humana y se pueden resumir en la destrucción de Europa, una interminable lista de crímenes y cincuenta millones de muertos.

41 / 100

EL PODER SIMBÓLICO DE LA ESVÁSTICA

Desde sus inicios, el partido nazi tuvo muy clara la importancia de la propaganda y la fuerza de los símbolos. El mismo Hitler en persona dedicó sus esfuerzos a diseñar la bandera de su futura Alemania nacionalsocialista. Lo primero que decidió fue mantener los colores de la bandera imperial, es decir, el negro, el blanco y el rojo; pero potenciando este último con la intención de «molestar» a los comunistas. Por su parte, la cruz como símbolo había probado su efectividad a lo largo de casi dos mil años. Pero Hitler no quería usar una cruz cristiana. Tomó la esvástica de la sociedad ocultista Thule, de cuyo emblema, en forma de brazos circulares, formaba parte. Además, según la tradición nórdica germánica, el dios Wotan (Odín) utilizó el símbolo de la esvástica para guiar el retorno del resto de Ases al mar del Norte.

Como elemento principal de la bandera, la esvástica aún es el símbolo del nazismo, y por extensión, del mal, del odio y del terror. Los símbolos se «cargan» de lo que han significado en sus avatares históricos. La esvástica, por tanto, ya no puede ser considerada un símbolo tradicional. Hoy está asociada con el más aciago período de la historia de la humanidad. Sin embargo, no podemos olvidar que sí fue un símbolo universal antes de Hitler y de su Reich de los Mil Años que duró sólo doce.

El término «esvástica» proviene del sánscrito, lengua originaria de la India y anterior en su desarrollo a las lenguas europeas. No todos los estudiosos están de acuerdo en si este nombre hace referencia únicamente a la cruz cuyos brazos están doblados hacia la derecha (como la de los nazis). El polémico nombre de la variante inversa, desde el punto de vista etimológico, es el de «sauvástica». Tampoco hay unanimidad en si el significado positivo de fortuna, paz y armonía sólo se aplica a la esvástica o a ambas formas de la cruz.

El eminente científico Carl Sagan trató de buscar una explicación a esa forma surgida en casi todas las culturas, y en principio no tan evidente como otras (círculo, aspa, etc.). Atribuyó su origen a la observación del cielo, en concreto a la estela de algunos cometas que adquieren una forma similar. También el giro de los astros, en torno al polo celeste, parece sugerir la forma primordial de la esvástica.

A principios del siglo XX, Europa estaba marcada por la fascinación de lo exótico y primitivo, lo arcaico y misterioso. En pintura, se observaba el arte prehistórico y se abría el camino hacia la abstracción geométrica. La irrupción de la esvástica en los ambientes culturales europeos, en especial los centroeuropeos, tuvo que ver con las corrientes místicas y esotéricas que tomaron el camino de Oriente y sus filosofías. Se hicieron populares los viajes a la India y el Tíbet, y, con el retorno de los viajeros, se produjo el rápido auge del esoterismo orientalista en Alemania y Gran Bretaña. De hecho, en esos tiempos, fuera de la órbita nazi, la esvástica gozó de gran popularidad. El escritor angloindio Rudyard Kipling la hacía grabar en las portadas de sus libros, y el Servicio de Correos de Estados Unidos tuvo una condecoración para sus trabajadores en que la esvástica estaba presente.

42 / 100

NOSTRADAMUS Y HITLER

El más célebre profeta de todos los tiempos, Michel de Nostredame, más conocido como Nostradamus, no podía faltar a su cita con la historia de Hitler, el Tercer Reich y la Segunda Guerra Mundial. Sus cuartetas son oscuras y difíciles de interpretar, ya que no emplean un lenguaje claro. Es evidente que eso abre el abanico de sus posibles interpretaciones. Para algunos, Nostradamus predijo el ascenso al poder de un ser maldito, destinado a provocar dolor y destrucción. Concretamente en cuatro de sus cuartetas. La primera de ellas dice así:

> En lo más profundo del Oeste de Europa,
> entre los pobres un niño nacerá
> que por su lengua seducirá a muchos.
> Su fama crecerá en el Reino del Este.

Hitler nació en Austria, que está en el centro de Europa Occidental. Su familia procedía de campesinos humildes y su padre fue un simple agente de aduanas, e hijo ilegítimo. Hitler era un orador efectivo, que tenía, en sus discursos, el poder de seducir a su público. De hecho, por eso logró hacerse líder del incipiente partido nazi cuando apenas contaba unos centenares de miembros. Y trató de conseguir lo que él llamaba «espacio vital» hacia la Europa del Este, Polonia, Ucrania, Rusia, etc.

La segunda, quizá algo más imprecisa, reza:

> Bestias feroces de hambre tragarán ríos,
> la mayor parte del campo estará contra Hister,
> en jaula de hierro el grande hará llevar
> cuando el hijo de Germano nada observará.

La palabra Hister, del segundo verso, podría referirse con cierta claridad a Hitler, aunque el nombre latino del río Danubio es Ister, también muy parecido. Con toda su oscuridad interpretativa, hay que reconocer que el resto de la cuarteta puede aplicarse con cierta facilidad al líder nazi.

Veamos ahora la tercera cuarteta:

> Un capitán de la gran Germania
> se rendirá por socorro simulado
> al Rey de Reyes ayuda de Panonia
> que su revuelta hará un gran río de sangre.

Aunque Hitler nació en Austria, este país estaba dentro de su concepción pangermanista, y de hecho su idioma es el alemán como estado germánico que es. Panonia es parte de Rusia, y el verso puede referirse a su victoria sobre Hitler, cuyo «socorro simulado» sería el falso pacto de no-agresión, firmado con Stalin. El final de la cuarteta es un resumen bastante acertado del legado de Hitler al mundo.

Y ahora la última:

> Cerca del Rin de las montañas del Norte,
> nacerá un grande venido demasiado tarde
> que defenderá Sarmacia y Panonia,
> que no se sabrá lo que de él sucederá.

Aquí se nos presenta a un defensor de las antiguas regiones de Sarmacia y Panonia, que están situadas en el este y centro de Europa. Esa defensa podría referirse a una defensa militar, territorial, no a una defensa humanitaria —ya que fue todo lo contrario—. Hitler luchó en esas regiones contra los soviéticos, que empujaban a los ejércitos del Reich hacia Alemania. Lo de «un grande» tampoco necesariamente significa una grandeza positiva, sino alguien con mucho poder. Y el último verso, el cuarto, puede hacer referencia a algo que no está hoy del todo aclarado: la desaparición de los restos de Hitler y de Eva Braun.

Pero todo es cuestión de interpretaciones. Es imposible saber lo que surgió en las profundidades de la mente de Nostradamus, y si sus cuartetas son auténticas profecías o simples delirios. En cualquier caso, lo que nos transmitió en ellas describe a Adolf Hitler con más precisión de la esperable.

43 / 100

GERMANIA: LA CAPITAL SOÑADA DEL III REICH

A Hitler le obsesionaban los imperios europeos, desde el romano hasta el británico, pasando por el español o el francés. Consideraba a Alemania una «desaventajada» en ese sentido, ya que nunca había poseído un verdadero imperio colonial. Esta obsesión, unida al deseo de llevar a la práctica la grandiosa puesta en escena de obras wagnerianas como *Rienzi* —que le impactó en su juventud—, dio como resultado que el régimen nazi se convirtiera en una funesta opereta representada en el mundo real.

Ello llevó a que se encargara a Hugo Boss el diseño de los uniformes nazis, a que se organizaran impresionantes desfiles nocturnos con antorchas y millares de personas, a que se contratara a la genial cineasta Leni Riefenstahl para realizar películas de estética grandilocuente... Y, lo más espectacular de todo, a proyectar un nuevo Berlín como capital del Tercer Reich y del mundo bajo su yugo; la ciudad soñada por Hitler como la más impresionante de la historia. Su nombre: Germania.

Una muestra del delirio en la concepción de Germania es que el arquitecto Albert Speer la diseñó para que, mil años después de construida y pasado su tiempo de esplendor, sus «ruinas fuesen hermosas», como lo eran las de Grecia o Roma, y diesen testimonio de su pretérita grandeza. Algunos historiadores, basándose en testimonios de primera mano, sostienen que Hitler y Speer se deleitaban ante las enormes maquetas de la futura Germania como dos niños jugando a imaginar el futuro.

El primer gran encargo de Speer fue un centro de reunión de masas en Núremberg, el Campo Zeppelin, con su famosa tribuna desde la que Hitler lanzaba inflamados discursos a los suyos. El Campo Zeppelin tenía capacidad para más de doscientas mil personas —sesenta mil la tribuna— y estaba rodeado por más de cien focos antiaéreos, con un fin puramente estético. Speer recibió otros encargos diversos, hasta que en 1937 Hitler le pide que diseñe la nueva capital del Tercer Reich. Una labor similar a la que acometió el barón Haussmann en el París del siglo XIX, pero a una escala infinitamente superior.

Los primeros pasos se centraron en reformar el estadio olímpico de Berlín, en el que se había celebrado la olimpiada de 1936 —lo que no pasó de mero proyecto—, y en la construcción de la Nueva Cancillería del Reich. Ésta última sí se llegó a realizar y fue terminada en 1939. Allí mismo se instaló la maqueta de Germania, que acabaría más tarde en el búnker de Berlín —irónicamente diseñado también por Speer—. Hitler no quiso privarse de su contemplación ni siquiera en los últimos días de su vida.

Albert Speer buscó inspiración en los clásicos, pero también en Étienne-Louis Boullée, un arquitecto francés del siglo XVIII, apasionado de la pintura, con diseños ciclópeos que nunca vieron la luz. A Boullée se le considera el máximo representante de la llamada *arquitectura visionaria*, una rama del neoclasicismo definida por proyectos imposibles de llevar a la práctica. La más famosa de las obras de Boullée quizá sea el Cenotafio de Newton, un monumento funerario inmenso —más alto que la Pirámide de Keops—, creado para honrar la memoria del científico más importante de la historia. Se trata de una esfera hueca de ciento cincuenta metros de diámetro, con una bóveda repleta de orificios con el fin de simular en su interior, en pleno día, las estrellas del cielo nocturno.

La idea de Hitler era llevar esa clase de planteamientos a la práctica. Lo que no se pudo realizar en el siglo de Boullée, se haría realidad en el nuevo Berlín. Todo en Germania habría de ser geométrico, gigantesco, grandioso, con enormes edificios, estatuas, avenidas y autovías subterráneas.

Pero Germania no vio la luz. De hecho, sólo quedan algunas ruinas de edificios que nunca llegaron a erigirse en su totalidad, en las afueras de Berlín. La guerra retrasó inicialmente el proyecto y, con la derrota, lo condenó a la curiosidad histórica de lo nunca realizado.

44 / 100

LA OPERACIÓN PAPERCLIP

El III Reich orientó su poderosa industria hacia la inminente guerra, con la producción masiva de armamento. Hitler consideró su fuerza bélica como un rodillo que habría de pasar por encima de sus enemigos. Pero cuando en 1943 se hizo patente que los aliados disponían de una fuerza superior, la mirada se dirigió hacia los científicos. El único modo de ganar la guerra era mediante nuevas armas; «armas prodigiosas», que se desarrollaron en secreto y amenazaron con subvertir la marcha de la contienda.

Tras el desembarco de Normandía, los aliados se lanzaron a una carrera para hacerse con esos últimos secretos alemanes que su devastada industria era ya incapaz de poner en marcha o desarrollar por completo, capturar a los científicos responsables de los proyectos, limpiar su pasado nazi y llevarlos a trabajar a sus respectivas naciones. Una carrera frenética, cuya vertiente norteamericana se denominó inicialmente Operación Overcast, y que hoy se conoce con su nombre definitivo de Operación Paperclip.

Por fortuna para el mundo, los alemanes desarrollaron sus armas más poderosas cuando ya no tenían capacidad de producirlas en masa. Sin embargo, existía el miedo de que aún tuvieran tiempo de crear un arma muy destructiva. La inteligencia aliada había descubierto alarmantes proyectos secretos en esa dirección. El primero de ellos se hizo patente en julio de 1944, cuando la primera bomba volante V1 —el «arma de venganza»— cayó sobre Londres.

Todo lo que supusiera un adelanto científico era importante. Pero, sobre todo, las investigaciones en ciertas ramas de la ciencia, capaces de ofrecer una ventaja para el futuro. Los objetivos esenciales se centraban en la física atómica, la cohetería, la aeronáutica, la química o la medicina. Cada operación recibió un nombre en clave: Alsos para capturar a Werner Heisenberg y sus investigaciones en el campo de la física atómica; Misión V2 —no muy en clave, la verdad— para capturar a Wernher von Braun y su cohete; TICOM para capturar expertos en criptografía; Lusty y Backfire para capturar material aeronáutico, etc.

En cualquier caso, las operaciones más importantes para los americanos eran Alsos y Misión V2. O lo que es lo mismo, Heisenberg y Von Braun. Se crearon comandos especiales, capaces de operar en la retaguardia alemana —en retirada y dispersa, pero peligrosa—, para capturar a ambos científicos y sus equipos.

La captura de Heisenberg resultó arriesgada, ya que el comando encargado de esa acción tuvo que adentrarse en un territorio controlado aún por las SS. Vencido ese contratiempo, el 3 de mayo de 1945 encontraron al científico tranquilamente en casa. No opuso resistencia, pero, a diferencia de Von Braun, Heisenberg se negó a revelar secretos. Hasta que, en una mansión de Inglaterra llena de micrófonos ocultos, los aliados pudieron comprobar lo lejos que estaba de diseñar una bomba atómica efectiva y lo dejaron libre sin cargos.

El V2 era un cohete guiado por giróscopos, supersónico, capaz de alcanzar las capas exteriores de la atmósfera y que podía lanzarse desde plataformas móviles. La inteligencia aliada descubrió la ubicación de la fábrica secreta el 11 de abril de 1945. La planta empleaba mano de obra esclava y había producido cuatro mil V2 listos para ser lanzados sobre Gran Bretaña. Ya se tenían los cohetes, pero faltaban Von Braun y los miembros de su equipo, que habían huido al sur, hacia Baviera.

Allí fueron capturados el 1 de mayo de 1945 por tropas de Estados Unidos. Aunque, más que capturados, se entregaron con gran júbilo. Deseaban, sobre todas las cosas, evitar caer en manos del ejército rojo. En las grabaciones de archivo se ve a Von Braun muy sonriente, fumando un cigarrillo y con un brazo roto —por un accidente de automóvil durante la huida—, rodeado de agentes de la inteligencia estadounidense.

45 / 100

LOS AÑOS PERDIDOS DE JESÚS EN EGIPTO

Jesús de Nazaret es la figura más célebre de la Historia. Puede que de ninguna otra se haya hablado ni escrito tanto, y pocas han conseguido influir en las vidas y creencias de tantos millones de personas. Sería de esperar que lo supiéramos todo sobre él, pero lo cierto es que continúa siendo un gran desconocido. Y, de entre los enigmas que rodean su vida, uno destaca sobre todos los demás: ¿qué hizo durante sus «años perdidos»?

En el primer siglo después de su muerte, fueron escritos al menos cincuenta evangelios sobre Jesús. La Iglesia acabó aceptando sólo cuatro de ellos, los evangelios canónicos. Pero ni éstos ni los muchos otros, apócrifos, han arrojado demasiada luz sobre qué hizo en los años previos al comienzo de su vida pública. Ese largo período, hasta cerca de los treinta años, está lleno de lagunas y especulaciones.

Algunas teorías sitúan a Jesús en Inglaterra, junto a José de Arimatea y entre druidas. Otras lo hacen en la India, donde se supone que aprendió las enseñanzas de Buda. Pero quizá la más persistente de estas teorías es la que afirma que él y el resto de la Sagrada Familia estuvieron un tiempo en Egipto, siendo Jesús todavía un niño.

El evangelio de san Mateo es el único de los canónicos que menciona la huida de la Sagrada Familia a Egipto, alertada por un ángel del Señor ante la amenaza del rey Herodes. Mateo no específica a qué parte de Egipto pudieron dirigirse ni cuánto tiempo pasaron en el país de los Faraones antes de regresar. Tampoco qué hizo allí Jesús.

Sí hablan de eso, en cambio, otras fuentes como el filósofo griego Celso o algunas de origen judío. Según éstas, Jesús estuvo realmente en Egipto, aunque no como un recién nacido huyendo de la ira de

Herodes, sino como un adolescente o un joven adulto. Celso le acusó en sus escritos de «haber practicado allí ritos mágicos en los que los egipcios muestran gran orgullo». Y eruditos y autoridades judías dijeron de él que llevaba «grabados en la propia carne conjuros egipcios» o que «practicaba la brujería».

Los estudiosos no dan mucha credibilidad a estas referencias, que en general se consideran meras invenciones e intentos de desacreditar el evangelio de san Mateo. Pero lo cierto es que tampoco éste puede considerarse demasiado fidedigno en lo que se refiere a Jesús y Egipto. Hay quien afirma que los comentarios del evangelista sobre ese asunto son simbólicos y tratan sólo de comparar a Jesús con Moisés, o de hacer que se cumplieran las profecías del Antiguo Testamento.

Una parte considerable de lo que hoy sabemos acerca de este viaje está recogida en una visión de Teófilo, vigésimo tercer patriarca de Alejandría, que vivió entre los siglos IV y V de nuestra era. Según relata él mismo, después de un largo período de oración se le apareció la Virgen María y le reveló todos los detalles de su periplo por Egipto junto a san José y el niño Jesús. Las pormenorizadas visiones de Teófilo «confirmaron» muchas de las tradiciones que circulaban ya desde hacía siglos.

Las principales fuentes apócrifas nos hablan de un viaje repleto de obstáculos y prodigios. En cada etapa, el Jesús niño tenía que vencer alguna dificultad y realizaba algún prodigio, entre los que se cuentan la destrucción de numerosos ídolos paganos. Y no faltan momentos de auténtica ira del divino infante.

Viajar de Palestina a Egipto a través del Sinaí no era sencillo en el siglo I, aunque existieran ya entonces tres rutas bien delineadas. A la dureza del camino y el desierto había que juntar la presencia de ladrones y otros indeseables, que sólo la protección de caravanas numerosas y bien organizadas podía contrarrestar. En su apresurada huida, la Sagrada Familia no pudo contar con esa protección, y se supone que ni siquiera tomaron ninguna de las rutas habituales. Contaron, eso sí, con la inestimable ayuda de un ángel del Señor, que, a modo de guía, iba marcándoles por dónde continuar.

46 / 100

LA «PIMPINELA ESCARLATA» DEL VATICANO

A finales de la II Guerra Mundial, con Mussolini fuera de juego, los alemanes tomaron el control directo de la ciudad de Roma. Al mando de todas las fuerzas policiales, el *obersturmbannführer* de las SS Herbert Kappler, con un único «grano» en sus dominios: la Santa Sede. A pesar de la fama de germanófilo del papa Pío XII, el Vaticano creó una organización secreta —una especie de «Pimpinela Escarlata»— para acoger o sacar de la capital italiana a un gran número de refugiados y perseguidos de los nazis.

A pesar de los acuerdos diplomáticos con Alemania, la Santa Sede no comulgó —nunca mejor dicho— con los postulados nazis. Pío XII ascendió al Trono de Pedro en marzo de 1939, es decir, poco antes del comienzo de la II Guerra Mundial, que se desató con la invasión alemana de Polonia el 1 de septiembre de ese mismo año. Durante los siguientes de guerra, no faltan quienes atribuyen a Pío XII haber poco menos que colaborado con los nazis, ni quienes, por el contrario, sostienen que ayudó a salvar a decenas de miles de personas inocentes en los países católicos bajo influencia alemana. Sea como fuere, en 1943, con las SS y la Gestapo controlando la ciudad de Roma, entró en acción una sociedad secreta que salvó a unas 6.500 personas de la persecución alemana. Al frente de esa organización estaba monseñor Hugh O'Flaherty, un irlandés de mente brillante y aspecto desgarbado que, incluso antes de la ocupación directa de la Ciudad Eterna por los alemanes, comenzó a ayudar a perseguidos italianos, judíos o disidentes, y a pilotos de aviones aliados que habían sido derribados en Italia, a huir a zonas seguras. Eso le granjeó fama de hombre humanitario, que no podía mantenerse insensible ante ningún sufrimiento, ni siquiera el de un animal.

Pero desde 1943, las actividades clandestinas de la organización se «profesionalizaron». O'Flaherty echó mano de todos sus contactos, llegando a veces a rozar el chantaje moral, en el mejor sentido de la expresión, para conseguir dinero y pisos francos, sótanos de monasterios, alimentos, ropas, vías de escape... Hubo un momento en que unas 4.000 personas a la vez eran escondidas y mantenidas por él y sus colaboradores. Cuando sus actividades se hicieron notorias y los nazis lograron colocarle nombre y rostro a quien ponía en jaque su control de la ciudad, se llegó a ordenar su asesinato en el propio Vaticano. De haber sido apresado fuera de sus límites, ni siquiera Pío XII hubiera podido salvarlo de la horca o el fusilamiento; pero el extremo de infiltrar a un sicario en la Santa Sede fue demasiado, y, después del intento fallido, Kappler tuvo que conformarse con tratar de atraparlo durante una de sus numerosas salidas de incógnito.

Algo que, por fortuna, nunca sucedió.

O'Flaherty se vio obligado a utilizar el disfraz, en arriesgadas salidas por la Roma ocupada, hasta el punto de llegar a vestirse de cartero, barrendero, chófer e incluso monja, a pesar de su envergadura, para pasar desapercibido entre los soldados nazis y continuar con sus actividades. Sin embargo, al final de la contienda, cuando la ciudad estaba rodeada por los aliados y a punto de su liberación, Kappler recurrió al Vaticano. Pretendía convertirse en un refugiado de la Santa Sede, lo cual se le negó. Entonces programó un encuentro personal con su gran enemigo para suplicarle que, al menos, le ayudara a sacar a su mujer y a sus hijos de Roma y los condujera a una zona segura, lejos de las posibles venganzas de los partisanos que habían estado bajo su yugo. Se lo pedía al hombre a quien más odiaba y al que había intentado matar por todos los medios. Y éste, increíblemente, aceptó.

Acabada la contienda, Kappler no fue extraditado a Alemania, sino que fue sentenciado a cadena perpetua en la prisión de Gaeta, a unos 120 km al sur de Roma. Durante los siguientes años, O'Flaherty estuvo visitándolo regularmente cada mes hasta que, en 1959, el terrible criminal de las SS, responsable de miles de muertes y deportaciones, e innumerables crímenes, acabó comulgando y convirtiéndose al catolicismo.

47 / 100

¿CÓMO SE CONSTRUYERON LAS PIRÁMIDES DE GUIZA?

Aunque se han propuesto muchas teorías al respecto, la forma en la que se construyeron las pirámides de Egipto sigue siendo un enigma. El arquitecto español Antonio García Vereda ha formulado una nueva hipótesis que podría aportar nueva luz a este misterio. Como si de una cebolla se tratara —dice—, estos edificios se levantaron «por capas» y trabajando simultáneamente en sus cuatro caras.

Antonio García Vereda es arquitecto del cuerpo del Ministerio de Hacienda, lo ha sido del Ministerio de Asuntos Exteriores y del Patrimonio, así como conservador de la ciudad de Toledo. Actualmente desempeña el cargo de conservador del Congreso de los Diputados. A él se deben las ampliaciones del Senado y del Congreso, así como las embajadas de España en El Cairo (Egipto) y en Praga (República Checa). Entre los años 1974 y 1978 se interesó por la construcción de las pirámides egipcias, y basó su tesis doctoral en el estudio de las mismas. A partir de los hechos, llegó a una serie de conclusiones que desembocan en una interesante teoría sobre su construcción, que destierra algunos mitos comúnmente aceptados.

De entrada, rechaza la idea de la construcción con rampas para desplazar los bloques de piedra y así ir construyendo la pirámide como si fuera una casa, por pisos. La rampa sería una obra mayor que la propia pirámide. Para alcanzar los 146 m de altura de la Gran Pirámide de Guiza, la rampa habría tenido que medir 3 km de largo.

Vereda partió de una idea: si un arquitecto del Antiguo Egipto es reclamado por el faraón para encargarse de construir una pirámide, las dos condiciones esenciales serán que esté terminada para cuando muera y que sea lo más grande posible. El gran problema es la «fecha de entrega», definida por la muerte del faraón, en un momento del futuro que nadie conoce. Puede vivir cinco años o treinta, lo que lleva a una importante conclusión: de algún modo debía ser posible finalizar las pirámides en el tiempo que duraba la momificación del faraón.

De hecho, si se analiza cada pirámide, sus dimensiones lineales —el lado de la base, la altura, la arista— vemos que son directamente proporcionales a la duración de los reinados de los faraones, con una variación inferior al 3%. La única excepción es la de Micerinos, que reinó durante mucho tiempo y tiene una pirámide relativamente pequeña, lo cual se explica porque las pirámides de Keops y Kefrén están construidas con piedra extraída de la propia Meseta de Guiza, muy fácil de trabajar porque es blanda, mientras que la de Micerinos es en parte de granito, piedra traída de Asuán, a casi 1.000 km de distancia.

La Gran Pirámide está construida con 2.650.000 bloques de piedra dispuestos en 211 capas, con un peso total de 6,5 millones de Tm. El reinado de Keops, según las distintas fuentes, varía entre los 22 y los 23 años. Si se divide el número de piedras por los días de, pongamos, 22 años, sin perder ni una sola jornada de trabajo, resulta que hay que colocar 720 bloques diarios. Si pensamos en realizar esa obra bloque a bloque, como sugiere la teoría de la rampa, eso no se puede acometer ni siquiera hoy. La única posibilidad es poder ir colocando varios bloques a la vez en distintos lugares.

Colocar 720 bloques diarios supone, si la jornada de trabajo era de 10 h, 72 bloques a la hora, es decir, un bloque cada menos de un minuto. Una productividad brutal, que nadie ha repetido en la Historia. Pero sabemos que cada bloque requería más de una hora. Las cuentas no salen. Salvo que se estén colocando 70 u 80 bloques simultáneamente; por ejemplo, 20 por cada cara. La conclusión a la que llegó Vereda, a la luz de estos hechos, es que, para que una pirámide esté terminada cuando muere el faraón, hay que partir de una pirámide pequeña —una pirámide matriz— que se va «forrando» por capas, como una cebolla, lo que permite actuar por las cuatro caras a la vez. En el momento en que el faraón muere, se aprovecha el proceso de momificación —que duraba unas 10 o 12 semanas— para completar la capa que se está colocando en ese momento, y la pirámide queda terminada.

48 / 100

EL MIEDO

El miedo es una reacción primaria. Todos los animales son capaces de experimentarlo en mayor o menor medida. Y todos aprenden a usarlo con el tiempo y la experiencia. Un león no es más «valiente» que una ardilla. Lo que sucede es que el león sabe que es más fuerte y que carece de depredadores naturales (de ahí el apelativo de «rey de la selva»). Por eso, cuando un león salvaje ve a una persona con un rifle no se asusta. Si tiene hambre, la atacará, y si no, se quedará completamente ajeno a su presencia. Sin embargo, un león que haya tenido episodios negativos con humanos, sí huirá de ellos o los atacará furiosamente.

Esto es también así en nosotros, aunque en una medida superior. Al disponer de un cerebro más evolucionado, somos capaces de racionalizar el miedo de una manera muy eficiente; aunque también, en ocasiones, «irracional». Los pensamientos son capaces de generar miedo y retroalimentarlo —incluso en ocasiones en que es absurdo—, y ello sin contar con los desórdenes cerebrales o las patologías. De entre todos los miedos, el más primitivo guarda relación directa con el instinto de supervivencia. Para proteger nuestra integridad, sentimos miedo en las situaciones que la amenazan. Es, químicamente hablando, una reacción que pertenece a las denominadas «emociones primarias».

El miedo es algo que se desata automáticamente y hasta puede ocurrir sin motivo. Pero el miedo que realmente protege tiene que ver con el aprendizaje. A lo largo de la vida vamos catalogando qué situaciones son peligrosas y cuáles seguras. Así asociamos las primeras con el miedo y las segundas con el bienestar. Pero también hay miedos ancestrales, instalados en nuestra mente, como el miedo a la oscuridad o a los espacios ocultos y cerrados. Aunque un niño se sepa seguro con su familia, o con sus padres en una habitación aneja, es casi seguro que temerá a la oscuridad o a un armario cerrado. Por eso es necesario «entrenar» el miedo y aprender cómo manejarlo. Existen muchas fórmulas para que el miedo no se convierta en algo paralizante y anulador de la voluntad o la capacidad de reacción. Una de ellas es el entrenamiento militar, que se basa en conocer las situaciones de guerra para adquirir el hábito de controlarse frente a ellas. Aunque también ciertas clases de meditación, por ejemplo, en busca del equilibrio de las emociones.

Nuestro cerebro, como órgano sede del mundo mental, es también el lugar físico donde se genera el miedo. Pero dentro de éste hay un lugar específico, la amígdala, situada en el lóbulo temporal de ambos hemisferios. Esta parte del cerebro es la más primitiva, presente también en el resto de animales, aunque en ellos el miedo no funciona exactamente igual que en los seres humanos. Un animal con la amígdala cerebral anulada ya no sentirá miedo; una persona sí, ya que aprende a racionalizarlo y a reconocerlo a lo largo de la vida. En la amígdala derecha se reciben los estímulos externos, mientras que los internos son captados por la amígdala izquierda. Su función es alertar al resto del cerebro y a todo el cuerpo de un peligro o amenaza. Los sistemas se disparan, exigiendo a cada órgano físico lo mejor de sí para vencer ese peligro o huir de él: se dilatan las pupilas y se abren más los ojos, se tensan los músculos, aumentan el ritmo cardíaco y el flujo sanguíneo, las sustancias estimulantes como la adrenalina, etc.

Esta reacción es primitiva y animal, incontrolable. Sin embargo, el resultado de la acción real frente a ella sí tiene, por lo general, un alto grado de racionalidad. Nuestro cerebro reacciona también desde el punto de vista del análisis de la situación, con independencia de la sensación de miedo. Así, el ser humano aprovecha ambas vías y las optimiza. De hecho, somos la especie con más éxito del planeta, a pesar de nuestras limitaciones físicas y nuestra escasa fortaleza.

49 / 100

¿ES REAL EL CIELO?

Hay personas que han regresado de la muerte, cuando los médicos ya no lo creían posible, y nos han contado qué han visto en ese otro lado que está más allá de la vida. Los testimonios son numerosos y tienen una característica común: que son similares, con independencia de su religión, raza o cultura. A estas experiencias se les llama ECM: Experiencias Cercanas a la Muerte.

Una de ellas saltó recientemente a todos los medios del mundo. El protagonista es un niño americano, llamado Colton Burpo, que estuvo a punto de morir en una mesa de operaciones y, cuando regresó, comenzó a hablar del cielo y de las cosas y personas con las que se había encontrado allí. Lo más importante es que Colton aún no había cumplido los 4 años.

Muchas personas han estado clínicamente muertas, sin actividad cerebral, pero se han recuperado. No todas han traído recuerdos «imposibles» consigo, pero sí muchas de ellas. Lo más misterioso de estas experiencias es que son similares en personas de distinta religión, raza, nivel cultural, edad... Siempre hay unos elementos comunes, que nos dan esperanza de que exista vida más allá de la vida. Cuentan que la muerte es placentera. Que uno se queda como en una negrura al final de la cual hay luz, paz, bondad... Así es casi siempre. Y que uno repasa, como a cámara rápida, las escenas de toda su vida: familiares, amigos, mascotas, los momentos más importantes... Es un resumen completo de la vida que muestra lo que hemos hecho. Al final, la negrura se rompe. Algo nos impulsa a avanzar. Se ve un túnel de luz acogedora. Un haz de luz blanca, brillante, que transmite mucha paz. El espíritu o el alma —si podemos llamarlo así— se eleva hacia él y desea con todas sus fuerzas llegar al final del túnel y abrazarse con la luz.

Detrás de esa luz hay una visión gloriosa: los seres queridos que han muerto, esperándole a uno. Aunque no todos llegan hasta ese punto, porque algunos, la mayoría de los que han regresado para contárnoslo, veían también a sus familiares y amigos vivos, al principio del túnel, pidiéndoles que regresaran, como si aún no hubiera llegado su hora. Eso es lo que dicen los que han vuelto. Y también que les ha costado mucho hacerles caso por la felicidad inmensa que notaban en la luz. Pero también hay visiones negativas. Alrededor de 4 o 5 de cada 100. En estas visiones, la luz no es blanca, sino roja, y se siente el mal en el ambiente. A veces se observan cuerpos mutilados, rostros terroríficos.

Volviendo a Colton Burpo, estuvo a punto de morir con apenas 4 años, y lo que vio fue... el cielo. No se quedó en la luz blanca, sino que siguió adelante y vio muchas más cosas: ángeles, familiares muertos... Incluso a Jesús, con llagas en las manos y los pies.

También vio varias cosas que han hecho de su caso tan importante. Ya recuperado, contó a sus padres cosas que éstos habían hecho mientras Colton luchaba por sobrevivir. Sabía cosas de las que habían hablado, el enfado de su padre por creer que perdería a su hijo, lugares donde estuvieron... Y en el cielo que Colton describe, vio a una hermana suya a la que no conocía, una hermana que no llegó a nacer debido a un aborto.

Los padres aseguran que nunca le hablaron de ella. Era muy doloroso para ellos, y el niño demasiado pequeño para comprenderlo. Además, también habló del abuelo de su padre, de su bisabuelo, que murió hace décadas. Lo describió como era de joven, y ni siquiera sabía quién era. Lo más curioso es que dijo que la gente en el cielo tiene alas como los ángeles.

A Colton se le han hecho algunas pruebas y el niño está bien. No hay motivos para creer que se haya inventado nada de su historia. Ni los psiquiatras creen que haya sido capaz de inventarla por lo pequeño que era. Por eso es un caso tan misterioso.

50 / 100

ESPIRITISMO: ¿NOS HABLAN LOS MUERTOS?

Que los muertos nos hablan, e incluso regresan a visitarnos, es la base del espiritismo, de los médiums. Los espíritus de los muertos vuelven, bien porque quieren hacernos compañía, bien porque desean o necesitan comunicarse con nosotros... O porque se han quedado atrapados entre dos mundos. Hay algunos médiums muy famosos, como Eusapia Palladino, a la que se investigó en Francia a principios del siglo pasado. Lo hicieron científicos y no pudieron ver el «truco», si es que lo había —incluyendo a Pierre y Marie Curie.

También se invoca a los espíritus mediante la ouija, un tablero con letras y números. Apareció a finales del siglo XIX y se utiliza un puntero sobre el que se colocan los dedos de los participantes y éste se va moviendo formando palabras. Al margen de si se trata o no de espíritus, es una experiencia alucinante. Eso sí, no debe llevarse a cabo por parte de gente joven ni muy impresionable. Se pueden asustar y traumatizar. Hay quien cree que la ouija abre la puerta a entidades malignas del más allá.

El hecho es que surgen mensajes con sentido. El puntero —una copa o vaso invertido, por ejemplo— llega a moverse con una velocidad y una precisión imposibles de falsear.

También hay fotos de «fantasmas». Reales o no, es imposible de saber. Una de las más famosas se tomó en la localidad de Norfolk, Inglaterra, en 1936. Una figura fantasmal aparece en una casa de aristócratas. A veces los fantasmas no se ven, pero se perciben. Esto se conoce como «presencias». Todos hemos sentido presencias alguna vez; solos de noche en una habitación de hotel, en un parque solitario, en un sótano o un garaje... Quizá sean esos fantasmas o espíritus que nos visitan. Pero no se sabe a ciencia cierta.

51 / 100

LA TEORÍA DE LA PANSPERMIA

Esta idea fue sugerida por el científico sueco Svante August Arrhenius, premio Nobel de química en 1903. Aunque el término como tal lo acuñó el biólogo alemán Hermann Richter, fue Arrhenius quien lo utilizó para elaborar la teoría de que microorganismos extraterrestres, presentes en meteoritos y resistentes al vacío cósmico, llegaron a la Tierra en tiempos pretéritos y constituyeron el origen de la vida. Algo que abre la posibilidad, por simple analogía, de que dichos microorganismos llegaran a muchos otros planetas y satélites en el Universo, y que la vida sea algo tan común como el número de mundos capaces de albergar la vida y permitir que subsista.

El hecho es que ha quedado demostrado que existen microorganismos extremófilos capaces de soportar esas duras condiciones espaciales de baja temperatura y altos niveles de radiación. Se ha comprobado en las misiones a la Luna —que han regresado con microorganismos aún vivos después del viaje— y, con gran probabilidad, en las sondas enviadas a Marte, donde ciertos microorganismos terrestres han sobrevivido y contaminado experimentos llevados allí a cabo.

No hay constancia definitiva de meteoritos con organismos vivos, aunque en 1996 hubo un anuncio sorprendente que dejó atónita a la comunidad científica mundial. El mismo presidente de los Estados Unidos, Bill Clinton, junto con los portavoces de la NASA, hizo público en la Casa Blanca el descubrimiento de posibles restos de vida fósil en el meteorito ALH 840001. Éste había sido hallado en la Antártida durante una expedición llevada a cabo por el Smithsonian Institute en 1984. Se trata de una acondrita de tipo diogenita, se determinó que provenía del planeta Marte y que podría tener una antigüedad de unos 3.500 millones de años.

Sin embargo, las minúsculas bacterias que dejaron esos teóricos restos fósiles quizá pertenecían a la Tierra y colonizaron la roca en tiempos pretéritos —hace unos 13.000 años—, cuando la Antártida no era el continente helado que hoy conocemos. En cualquier caso, la polémica continúa y es motivo de discusión entre los especialistas en la hipotética vida extraterrestre, como los científicos del CAB español. Nombres tan potentes como Juan Pérez Mercader o Javier Gómez-Elvira.

52 / 100

EL SISTEMA SOLAR Y LAS CONDICIONES DE LA VIDA

El Sistema Solar ha perdido recientemente un planeta: Plutón; el último descubierto, el más lejano, el de órbita más rara y excéntrica y el más pequeño, acompañado de su luna Caronte. De modo que nos quedan siete planetas —sin contar con la Tierra, donde ya sabemos que hay vida— y un buen puñado de satélites donde buscar la presencia de vida o vestigios de la misma.

Mercurio presenta un aspecto similar al de nuestra luna —la Luna, con mayúscula—, y está demasiado cerca del Sol como para que la vida, tal y como la entendemos, pueda haberse desarrollado en él. Venus tiene una masa muy parecida a la de la Tierra, pero su atmósfera resultaría letal. En cuanto a los gigantes gaseosos exteriores, Júpiter, Saturno, Urano y Neptuno, son demasiado grandes, carentes de superficie sólida y terriblemente hostiles para los seres vivos, al menos según nuestra experiencia.

Marte es más pequeño que la Tierra y su atmósfera está congelada en los polos y el subsuelo. Es, de todos los planetas, el que quizá podría haber tenido las condiciones necesarias para la vida o podría volver a tenerlas —mediante un proceso, ideado por Carl Sagan, que se ha dado en llamar *terraformación*—. De hecho, aún no se descarta el eventual descubrimiento de formas de vida simples. Posee agua, que podría ser líquida bajo la superficie. Su delgada y tenue atmósfera es incapaz de protegerlo de las radiaciones provenientes del Sol, aunque eso no impide que se haya desarrollado algún tipo de microorganismos extremófilos. En el pasado tuvo actividad volcánica y, probablemente, corrientes de agua en superficie, aunque ya no es así y su temperatura exterior resulta muy baja.

En cuanto a los satélites del Sistema Solar, hay algunos que han llamado la atención de los astrobiólogos en los últimos tiempos. Como Europa, una luna de Júpiter en la que presumiblemente existe un océano de agua líquida bajo la superficie helada. Además, su interior presenta actividad magmática, de modo que, en las zonas profundas, la temperatura debería de ser mucho más elevada que en el exterior, aportando así el calor necesario para el desarrollo de la vida microbiana.

También Ío, otro satélite de Júpiter, es candidato a albergar vida. Su irregular superficie está plagada de marcas, posee atmósfera y muestra actividad volcánica. Su proximidad al planeta gigante es un gran *handicap*, ya que se ve sometida a enormes cantidades de radiación, y, además, las regiones de extremo frío y calor se alternan en la superficie. No parece el lugar más indicado, aunque hay opciones. Ya se sabe, la vida se abre camino...

Otra luna que concentra la atención actualmente es Encélado, uno de los satélites de Saturno. Su superficie está compuesta, casi por completo, por un mar congelado de agua. Se cree que, al igual que sucede con Europa, bajo esta capa podría haber agua líquida, y también se han hallado indicios de la presencia de moléculas orgánicas, basadas en el carbono, el oxígeno, el hidrógeno y el nitrógeno. Se sospecha que su núcleo es una masa fundida e incandescente, de modo que, una vez más como en Europa, existiría el calor necesario para la vida.

Sin abandonar la órbita de Saturno, otra de sus lunas, Titán —la más grande que gira en torno a este planeta y la segunda mayor del Sistema Solar—, cuenta con una atmósfera rica en metano. Esto sugiere la posible existencia de vida en el subsuelo, que es una de las causas conocidas de producción de este gas. También podría haber agua líquida, aunque, en este caso, a muy elevada profundidad.

53 / 100

EXOPLANETAS: OTROS MUNDOS QUE NO ESTÁN EN ÉSTE

Si nuestro mundo ha sido capaz de ofrecer las condiciones necesarias y suficientes para el surgimiento de la vida, hoy sabemos que debe haber en el Cosmos muchos otros mundos prácticamente idénticos. Algunos tan similares que podrían incluso servir, en un hipotético futuro lejano, para que la humanidad siga existiendo fuera de la Tierra. Pero ¿hay ya vida en alguno de ellos? Este descubrimiento, sin duda, supondría uno de los más importantes y fascinantes de la historia de la humanidad.

El primer planeta extrasolar se descubrió hace algo más de dos décadas, en 1989, aunque el primero confirmado de un modo incontrovertible llegó en 1992. Al principio era una tarea ardua, que ha comenzado a dar verdaderos frutos ya entrados en el siglo XXI. En los primeros diez años de esta búsqueda se localizaron tan sólo 30 exoplanetas. Actualmente se descubren nuevos mundos a diario, hasta un total de más de 1.000 catalogados actualmente.

Gliese 581 g fue descubierto en septiembre de 2010, tras años de investigación y observaciones, por los científicos del Carnegie Institute de Washington Steven Vogt y Paul Butler. Su particularidad más relevante es que, hasta hoy, se le considera el exoplaneta más similar a la Tierra. Se halla por completo en la zona habitable de su estrella y, por sus características, podría tener agua líquida en su superficie. Si bien esto no implica necesariamente que la vida se haya desarrollado en él, sí que permite suponer esa posibilidad y, de un modo más lejano, que algún día pueda servir para ser colonizado por la humanidad.

Su mayor problema es que, al igual que la Luna en su órbita alrededor de la Tierra, Gliese 581 g podría tener un período de rotación (día) igual que el de traslación (año), de modo que una de sus caras siempre esté orientada hacia su estrella y la otra en permanente oscuridad. Eso implicaría que la región verdaderamente habitable del planeta sería sólo la región entre ambas caras. Aunque esto puede decepcionar a algunos, que ya creían haber encontrado una segunda Tierra, es parecido a lo que sucede en nuestro planeta con las zonas polares, que tampoco son habitables. Es una limitación, pero no definitiva.

El año «glieseano» dura algo más de treinta y seis días terrestres y el radio medio de su órbita es de tan sólo 22 millones de kilómetros, frente a los casi 150 de la Tierra respecto al Sol. Esta proximidad implica que la estrella sea menor que la nuestra, porque de otro modo el planeta estaría tan caliente como Mercurio. De hecho, Gliese 581 g es una enana roja de la constelación de Libra, con 0,31 masas solares y 0,29 veces el radio del Sol. Ello hace que la temperatura media en la superficie del planeta sea de entre –35 °C y –12 °C. Sin embargo, esta estimación podría variar mucho en la región permanentemente iluminada.

La masa teórica de Gliese 581 g, en relación con su tamaño, hace que la gravedad en superficie deba estar en valores en la horquilla de 1,1 a 1,7 veces la de nuestro planeta (es decir, que una persona de 70 kilos pesaría allí entre unos 75 y 120). Respecto a la Tierra, su radio es entre 1,3 y 2 veces mayor (de unos 8.200 a 12.700 kilómetros), con una masa comprendida entre 3,1 y 4,3 veces (de $18{,}5 \times 10^{21}$ a $25{,}7 \times 10^{21}$ toneladas métricas).

54 / 100

EL PRIMER SER VIVO ARTIFICIAL

En 1953, el químico Stanley Miller y su profesor, el premio Nobel de química Harold Clayton Urey —célebre por el proyecto Manhattan y la posterior bomba de hidrógeno— recrearon en la Universidad de Chicago las supuestas condiciones de la atmósfera terrestre y del origen de la vida cuando se cree que ésta surgió en nuestro planeta, según las hipótesis de dos biólogos, el británico John Burdon Sanderson Haldane y el soviético Aleksander Oparin.

Miller y Urey colocaron dentro de una probeta los gases esenciales que formaban la atmósfera cuando se inició la vida: vapor de agua, metano, hidrógeno y amoniaco. También añadieron agua líquida y moléculas inorgánicas simples —elementos esenciales de la vida, al menos de la que conocemos—, que se bombardearon con descargas eléctricas, a modo de rayos, de un modo continuo durante una semana.

El resultado fue prometedor, pero no logró su verdadero objetivo. Miller y Urey sólo consiguieron generar algunos aminoácidos orgánicos, algo que, si bien es necesario e imprescindible para la vida, se halla aún muy alejado de ésta. Nuestro mundo está repleto de seres vivos y, sin embargo, no podemos recrear ni la más mísera de las entidades vivas en laboratorio. Conocemos cada vez más de su funcionamiento, pero sus misterios más íntimos se nos escapan, así como la posibilidad de evitar el envejecimiento, la degradación o la muerte. Aunque quizá no estamos ya tan lejos de crear vida, como modernos doctores Frankenstein. Al menos eso anunció, en 2006, la revista *Science*. Y lo logró en 2010 un equipo científico liderado por el controvertido biólogo y empresario norteamericano Craig Venter.

En realidad, se trata de una transformación sobre la base de un ser vivo previo. El equipo de Venter diseñó un genoma completo artificialmente, a partir de piezas del ADN de varios seres vivos, y lo introdujo después en una criatura unicelular preexistente, una bacteria del tipo *Micoplasma micoides*, sustituyendo el original. Lo que sí es cierto es que ese ser no existía como tal, pero —usando el símil informático— consistió en cambiar el software de desarrollo en un cierto hardware que, en sí mismo y propiamente, no se había creado.

Esto es algo que, por cierto, abre el camino de generar nuevas especies, no ya transgénicas, sino completamente nuevas. Incluso, quizá, una nueva especie inteligente tomando como base al ser humano actual.

55 / 100

VISIONES DEL INFIERNO

Las tres grandes religiones monoteístas —el cristianismo, el judaísmo y el islam— admiten la posibilidad de que sus fieles caigan bajo posesiones diabólicas que obliguen a practicarles un ritual de exorcismo. Bajo esta influencia maligna, las víctimas son capaces de hablar lenguas muertas, conocer verdades ocultas, exhibir letras escritas en la piel, gozar de una fuerza sobrehumana... Y, por supuesto, de echar una ojeada al infierno.

Para el que tiene fe, la causa de la posesión diabólica es tan obvia como el remedio: la causa el Demonio y la remedia el exorcista, siempre con la ayuda de Dios.

En todo caso, la posesión diabólica sigue siendo un enigma. A menudo son los psiquiatras quienes derivan a un paciente a las autoridades religiosas, cuando no ven el modo de ayudarle o de curar su mal valiéndose sólo de sus conocimientos médicos. Muchos psiquiatras que lo hacen no creen ellos mismos en el exorcismo, pero han tenido que doblegarse. Como reza el dicho, ante los hechos sobran las razones o los argumentos.

El exorcismo se basa en oponer la fuerza de Dios a la del o los demonios que están en el interior del poseído, con el fin de expulsarlos de su cuerpo y liberarle de su influencia. Al margen de los sucesos que acontecen durante la práctica del ritual de expulsión, recogido en el llamado *Rituale Romanum*, el poseído a veces «se conecta» con el lugar del que proviene su poseedor: el infierno.

Existen algunos testimonios de visiones de ese espacio aterrador al que, según las Escrituras, está destinada el alma del pecador y el malvado para penar sin alivio durante toda la eternidad. El Demonio, engañador por naturaleza, puede entremezclar verdades y mentiras para causar el máximo daño en la persona que siente la peligrosa seducción de saber o averiguar lo que no debería saber. A menudo, la boca del poseído menciona verdades conocidas únicamente por el exorcista y alguno de sus familiares o personas queridas de su entorno. Si una de estas personas ya falleció, puede hablar de ella en términos de su tormento en el infierno, suponiéndola allí condenada.

Existen testimonios que están ahí y no pueden negarse de personas que han padecido la obsesión o seducción diabólicas en mayor o menor grado, e incluso de algunas visiones experimentadas por los mismos exorcistas durante la práctica del ritual. Muestran un escenario pavoroso. ¿Podría la mente humana generar un horror semejante? Quién sabe... Pero de algún sitio tienen que salir esas imágenes; en algo deben inspirarse...

Durante un exorcismo llevado a cabo en EE. UU., uno de los sacerdotes tuvo una visión de la mano del mismo poseso. El horror fue tal que ni siquiera tuvo la presencia de ánimo para narrarla completa. Un aparte de la misma dice esto: «Fue una visión como de una masa de dolor y castigo, iluminada y brillante de odio y de desprecio maligno. Era como un ángel que había sido condenado a la pena eterna por el Amor mismo, y que únicamente crecía en su odio al amor a medida que incrementaba su pena con lo infinito de la eternidad. La condenación sin posibilidad alguna de alivio.»

56 / 100

EXORCISMOS REALES

Para la Iglesia católica, la existencia del Demonio es dogma de fe. Señor del infierno, y también del mundo hasta la redención de Jesús, su labor es seducir al ser humano hacia el mal, para ganar así su alma mediante engaños. A veces se produce la posesión diabólica. Cuando la psiquiatría no es capaz de dar respuestas, la Iglesia puede actuar mediante el exorcismo. Hoy hay más de 400 exorcistas católicos. Y sus intervenciones van en aumento.

El caso real que inspiró la película *El exorcista* ocurrió en el estado de Maryland, en 1949. La víctima fue un muchacho llamado Robert «Robbie» Mannheim. Además de numerosas visiones de muertos, Robbie tuvo una visión aterradora, en la que presenciaba el final de la guerra celestial en la que Lucifer fue vencido por el arcángel san Miguel, expulsado del cielo y arrojado para siempre a los infiernos (una especie de pozo oscuro, en la visión).

Aunque con cambio de los nombres reales y ciertos datos o elementos no esenciales para proteger las verdaderas identidades de los protagonistas, el caso de Robbie Mannheim quedó inmortalizado, primero en una novela y, luego, en una película que hoy son míticas.

También es muy famoso el caso de Anneliese Michel, una joven de Baviera, que sirvió de base para otra película, la excelente *El exorcismo de Emily Rose*. La realidad fue así: Anneliese había nacido en 1952, y a los 14 años comenzó a experimentar ataques que fueron diagnosticados en un primer momento como epilepsia. Se le puso un tratamiento que no la ayudó en absoluto.

De hecho, su problema fue a más en los siguientes dos años, y a los 16 comenzaron sus visiones. Eran diabólicas, entremezcladas con su vida cotidiana. En la escuela veía rostros demoníacos entre sus compañeros o profesores. Oía voces que le decían que estaba condenada al infierno. Y también, como es habitual en los casos de posesión, empezó a sentir aversión por los símbolos y objetos sagrados, y a comportarse con violencia hacia las personas que la rodeaban, incluida su familia.

Por desgracia, no lograron liberarla de la posesión. Los médicos no pudieron hacer nada por ella y los padres recurrieron a un exorcista. Durante las sesiones del ritual al que fue sometida, la joven hablaba con voces diferentes, creando una especie de diálogo entre los demonios que la poseían. Entre ellos estaban el mismísimo Lucifer o Belial, y también los de almas condenadas como Caín, Judas, Hitler y un nigromante del Renacimiento.

Tuvo sueños y visiones. En uno de los primeros se vio a sí misma en presencia de la Virgen, que le mostró la realidad de ese lugar inmaterial, espiritual, donde habitan los demonios: el infierno. La visión como tal se la llevó a la tumba, pero tuvo que ser realmente aterradora. Sin embargo, la joven siempre dijo que había aceptado ese destino para mostrar a otros de lo que era capaz el Demonio.

57 / 100

LA TELEPORTACIÓN

La teleportación es una idea fascinante por varios motivos. El primero, porque nos permitiría viajar sin recorrer el espacio físico, quizá a años luz de distancia. El segundo, porque supone un desafío filosófico de primera magnitud. A este último respecto, la destrucción del objeto o el ser original, y su recreación en destino, implica que el viajero no está formado por las mismas partículas que lo integraban cuando «reaparece» al final del viaje. En el caso de una persona, ¿es la misma u otra diferente? Aunque el resultado sea una copia exacta a nivel cuántico, y resulte indistinguible del original, ¿seguirá su conciencia existiendo?

Siempre que hemos hablado con científicos sobre este asunto, la primera reacción es abordarlo con simplicidad. Sin embargo, el psicólogo Manuel Martín-Loeches o el psiquiatra José Miguel Gaona no lo tienen tan claro. La conciencia es un misterio dentro del gran misterio del cerebro humano, que se va conociendo poco a poco, pero del que queda mucho más por saber de lo que se sabe. Pero, como aún falta mucho para la teleportación, ya tendremos tiempo de debatir…

¿Es la teleportación una mera fantasía? No, aunque por el momento sólo se ha logrado teleportar fotones, partículas que no poseen materia, ya que se trata de corpúsculos de pura energía radiante. El primer éxito tuvo lugar en Australia, pero el experimento más ambicioso de teleportación cuántica se está llevando a cabo en las Islas Canarias. Participan en él tres importantes universidades españolas: la Politécnica de Valencia, la Complutense de Madrid y la Politécnica de Cataluña. El primer logro del equipo ha sido teleportar un fotón a casi ciento cincuenta kilómetros de distancia, entre dos islas, sin que haya recorrido ningún espacio físico ni haya invertido ningún tiempo en efectuar su viaje.

58 / 100

LA INMORTALIDAD

Desde que el ser humano tiene conciencia de sí mismo, tiene también conciencia de que su tiempo es limitado; de la muerte de los que le rodean y, por fin, de él mismo. Hoy, la ciencia intenta convertir en realidad el sueño de vencer a la Parca, que ya intentaron los alquimistas en el pasado. Y, al parecer, no está demasiado lejos de conseguirlo. Eso es al menos lo que sostiene Aubrey de Grey, un investigador de la Universidad de Cambridge que dirige el llamado, con cierto sentido del humor muy inglés, Proyecto Matusalén.

Su idea básica es que el propio metabolismo humano, al funcionar, causa el envejecimiento y produce daños biológicos que, a la larga, conducen a la enfermedad y a la muerte. Según él, la clave para derrotar al envejecimiento no radica en luchar directamente contra los procesos dañinos del metabolismo, sino en combatir el daño acumulado mediante técnicas que él mismo está investigando. Lo esencial de las mismas es reparar el cuerpo, como se hace con un viejo coche, mediante un correcto y esmerado mantenimiento.

En unos veinticinco años, el científico británico cree que la esperanza de vida podría alargarse en unos treinta más. Eso significa que dispondríamos de treinta años más para beneficiarnos de los nuevos avances que surgirán en ese tiempo. Si las cuentas de De Grey salen, cada pequeño avance implicará otros nuevos, un nuevo paso más en la prolongación de la vida y, así, poco a poco, en un futuro relativamente lejano, podrá invertirse del todo el proceso de envejecimiento. De esta manera, la vida, salvo accidente fatal o decisión personal de acabar con ella, será ilimitada. El propio De Gray no tiene intención de morir. Ya se verá...

Aunque la gran pregunta es si el cerebro humano está preparado para la inmortalidad. Quizá no seamos capaces de soportar la vida cuando ya todo esté agotado, cuando no tengamos nuevas experiencias que vivir. Para muchos, la muerte da valor a la vida.

59 / 100

EL SUPERHOMBRE

La idea nietzscheana de que el ser humano actual es un puente hacia el superhombre del futuro, además de controvertida depende mucho del punto de vista. ¿Es un superhombre alguien más fuerte, inteligente, longevo, sensible, bondadoso...? ¿Qué es ser un superhombre? En todo caso, usándolo como forma de hablar, podríamos decir que ese superhombre —o supermujer— llegará de la mano de la ingeniería genética.

La secuencia completa del ADN humano tiene 27.000 genes, contenidos en 23 pares de cromosomas. Su mapa completo fue presentado, en su forma definitiva, en abril de 2003. Sin embargo, todavía queda un largo camino para identificar y comprender cada gen y su influencia en el desarrollo de nuestra especie. En cualquier caso, el conocimiento de este código básico de la vida humana abre una puerta a una nueva clase de evolución. Una evolución que ya no será natural, como la enunciada por Charles Darwin, ni siquiera artificial, como la realizada por los seres humanos al seleccionar las especies animales y vegetales más fructíferas, sino sintética. Mediante la ingeniería de los genes no sólo se podrán evitar enfermedades congénitas o «retocar» los rasgos físicos, mejorar las aptitudes intelectuales o alargar la vida. También podremos incluir nuevos genes en el ADN humano.

Según el prestigioso genetista norteamericano Lee Silver, de la Universidad de Princeton, esto será pronto una realidad. Una realidad progresiva, pero imparable. Él no cree que exista ninguna razón para que tengamos que contentarnos con nuestra «humanidad» natural, dado que, gracias a los nuevos genes, seremos algo más que humanos. Potenciaremos nuestras capacidades mediante otras nuevas, como la visión del halcón o la longevidad de la tortuga. E incluso con rasgos artificiales, creados en laboratorio.

60 / 100

EL VIAJE EN EL TIEMPO

Einstein demostró que el viaje en el tiempo es una realidad, no sólo posible, sino inevitable, ya que sucede por efecto relativista y es mayor cuanto más rápido se mueve un objeto. En un hipotético reposo absoluto, el tiempo puede definirse como normal. A medida que un cuerpo se acelera, su tiempo se comprime, es decir, se ralentiza respecto al del observador en reposo. A la velocidad de la luz, el tiempo se congela por completo.

Como muestra de la veracidad de este efecto, los relojes atómicos de los satélites GPS deben corregirse por efecto relativista cada cierto período, ya que están permanentemente girando en órbita en torno a nuestro planeta. La influencia en valor absoluto es muy pequeña, dado que su velocidad, aunque muy elevada, es despreciable en comparación con la de la luz; pero esa mínima influencia, en la altísima precisión del sistema GPS, hace necesaria la corrección.

Lo más sorprendente es que, si un viajero superara la velocidad de la luz, su reloj se invertiría y regresaría de vuelta antes de partir. La teórica imposibilidad de esta opción se debe a que, según la relatividad, para acelerar una nave hasta la velocidad de la luz se necesitaría infinita energía. Pero eso no implica que no puedan existir «puertas traseras». Algunos científicos han apuntado la idea de que los agujeros negros o los agujeros de gusano supongan caminos alternativos... Estamos muy lejos de que el viaje en el tiempo sea una realidad, si es que algún día —nunca mejor dicho— lo es. Pero ¿quién sabe?

Lo que sí se plantearía es un buen número de paradojas. La más famosa es la «paradoja del abuelo»: si viajo en el tiempo al pasado, a un momento en el que mi abuelo aún no ha engendrado a mi padre, y lo mato, ¿cómo es posible que yo exista para viajar al pasado y matar a mi abuelo? Las respuestas no son sencillas; quizá impliquen la existencia de universos paralelos. Sea como fuere, el tiempo lo dirá...

61 / 100

¿PODEMOS SER DESTRUIDOS POR UN AGUJERO NEGRO?

Esta posibilidad, muy popular en los últimos años desde que se puso en marcha el Gran Colisionador de Hadrones (LHC) del Centro Europeo para la Investigación Nuclear (CERN, Suiza), es muy remota, pero no descabellada. En los experimentos de colisión con partículas a altísimas energías podrían generarse microagujeros negros que no se disipen de un modo espontáneo, como predicen las teorías más aceptadas por la comunidad científica.

Si no es así, si uno de esos agujeros negros en miniatura se mantuviera estable, iría absorbiendo materia y energía de su entorno de un modo irresistible. De hecho, no se conoce otra fuerza más irresistible en el Universo, ni tan destructora. No habría forma de detener su insaciable voracidad, hasta el punto en que devorara la Tierra, la Luna y, probablemente, todo el Sistema Solar.

Esto es muy improbable, ciertamente, aunque quizá no lo sea tanto que nos crucemos en nuestra travesía cósmica con un agujero negro errante. Sería muy difícil de detectar por su propia condición, que impide incluso a la luz escapar de él, de modo que podría abalanzarse contra nosotros sin que nos diéramos cuenta hasta que casi estuviera encima, por las alteraciones en la gravedad que iríamos experimentando a medida que se aproximara.

Algunos creen que un agujero negro es una especie de puente entre universos o una conexión entre regiones distantes (desde un punto de vista de la geometría «normal») del Cosmos. Sin embargo, la fuerza gravitacional de su interior es tan enorme que, aunque nuestros átomos alcanzaran ese hipotético destino, nosotros, como seres individuales, quedaríamos convertidos en fosfatina.

62 / 100

¿PODRÍAMOS HACER FRENTE A UNA INVASIÓN EXTRATERRESTRE?

Lo cierto es que muy pocos científicos actuales dudan de la existencia de vida en otros lugares del Universo. Si asumimos la posibilidad de que esto sea real, una hipotética civilización alienígena que hubiera desarrollado la tecnología necesaria para viajar entre estrellas sería obviamente mucho más avanzada que la nuestra. Si vienen «en son de paz», sería estupendo recibirles y beneficiarnos de sus conocimientos. Pero si llegan haciendo sonar los tambores de guerra, no habría nada que pudiéramos hacer para resistir su invasión.

En el caso de que quisieran exterminarnos, las cosas no serían en absoluto como en las películas de Hollywood. Su diferencia de tecnología sería mayor que la nuestra respecto a los primeros homínidos, que no conocían ni tan siquiera armas rudimentarias más allá de piedras y palos. No es difícil de imaginar que poco habrían tenido que hacer contra el poder destructor de, por ejemplo, una bomba atómica. Por mucho que se organizaran y esforzaran, sus piedras y sus palos no habrían sido capaces de detener a un misil intercontinental dotado de una cabeza nuclear.

Por eso hay científicos, como Stephen Hawking, que demandan cautela a la hora de tratar de establecer contacto con esos supuestos extraterrestres, si es que existen. Previendo la eventualidad de captar un mensaje inteligente de origen alienígena, él propone no responder «por si son parecidos a nosotros».

En cualquier caso, el único país que cuenta con un protocolo militar público, que prevé la posibilidad de una invasión extraterrestre, es Japón. Fue aprobado hace unos años por el parlamento nipón a petición de uno de sus ministros. ¿Sabrán en Japón algo que los demás ignoramos?

63 / 100

EL LADO OSCURO DE LA MEDICINA

Existe el mito de que a los donantes de órganos se les atiende peor, en caso de accidente, que a los que no lo son. En España es un mito, pero quién sabe en otros países del mundo. Es algo que nos afecta a todos, porque los médicos son una figura esencial en nuestra sociedad. Son las personas que nos cuidan, que se encargan de nuestro bienestar y de curar nuestras enfermedades cuando lo necesitamos. Pero también nos pueden matar sin que apenas seamos conscientes. Incluso les agradeceríamos, con una sonrisa, su supuesta atención mientras nos asesinan. Y eso es así porque un médico es como un dios, con poder para dar la vida o administrar la muerte.

El tráfico de órganos para trasplantes mueve miles de millones de euros en el mundo. En ciertos países del Tercer Mundo se ha denunciado el secuestro de niños para extraerles los órganos. Durante algunas guerras, se ha hecho con prisioneros, como en la antigua Yugoslavia. En ciertos países dictatoriales, con los presos condenados a ser ejecutados.

También existen redes organizadas. España es uno de los países con un mejor sistema de trasplantes, pero hay personas que no quieren esperar su puesto en la lista de espera. De hecho, a nadie sorprende ya que sea posible comprar un órgano por Internet. Con dinero, es fácil conseguir un riñón, por ejemplo. Otros órganos más críticos son más complicados. Hasta existe una especie de «turismo de trasplantes»: personas que localizan un órgano, lo compran en el mercado negro y se les trasplanta en un país donde las autoridades no hacen preguntas. Por supuesto, las condiciones sanitarias suelen brillar por su ausencia.

64 / 100

EL SECRETO ALQUÍMICO DE LOS STRADIVARIUS

Con los años, se comprobó que el barniz de los Stradivarius mantenía sus cualidades, mientras se estropeaba el de otros violines más modernos. Quizá una práctica más elaborada o un truco feliz se perdió, y, con el tiempo, lo que originalmente era un secreto del oficio se convirtió en la leyenda de una fórmula mágica.

El barniz es una parte fundamental en un violín, puesto que, además de protegerlo de la humedad y resaltar la belleza de la madera, sirve para potenciar sus cualidades sonoras. Generalmente se aplican varias capas antes de dejarlo secar. El número de éstas puede variar, pero es esencial encontrar el equilibrio perfecto para no estropear el sonido final del instrumento. Además, la composición del barniz es fundamental. Esta sustancia constituye uno de los sellos distintivos de una marca y cada lutier tiene fórmula propia.

Los antiguos constructores de Cremona utilizaban un barniz tierno, transparente, de excelente textura, que proporcionaban a sus violines un brillo luminoso. Era de calidad grasa y gran elasticidad, y no se endurecía como otros barnices menos elaborados. Stradivarius aplicaba varias capas de un barniz amarillo anaranjado. Se supone que dejó instrucciones claras sobre el asunto, pero nadie sabe exactamente cuáles. La leyenda dice que escribió su fórmula en una página de la Biblia familiar, y que, pasados los años, uno de sus descendientes destruyó el libro sagrado poniendo la eternidad entre el mundo y su secreto.

Algunos han llegado a aventurar que el barniz de Stradivarius era inimitable porque contenía algún tipo de componente imposible de encontrar e irreductible a todo tipo de análisis, como la resina de una especie vegetal ya extinguida, o bien algo tan exótico como la llamada «sangre de dragón». Esto forma parte del imaginario hermético tan común en la época de Stradivarius, y revela la sospecha de que el oscuro arte del lutier de Cremona implicaba secretos alquímicos. Según el *Diccionario mito-hermético* de Dom Pernety, obra que salió a la luz en 1758, los alquimistas llamaron «sangre a su materia, o más bien, a su mercurio». Más concretamente, en la entrada de su diccionario correspondiente al término *sangre de dragón*, lo define como sangre «de los químicos. Tintura de antimonio». Según otra hipótesis más exótica, la *sal de dragón* era la secreción del fruto de una planta malaya traída por Marco Polo en uno de sus viajes.

Otros aficionados a la teoría alquímica hablaron de una sustancia llamada *sal gema*, que según la obra antes citada, consiste en polvo de sustancias cristalinas. Esto se podría explicar por el uso de sustancias cristalinas como insecticida, y de hecho el bioquímico húngaro Joseph Navygary encontró hace unos años polvo de cuarzo que se usaba en este sentido.

Llevando la imaginación un poco más allá, alguien pensó que la fórmula del barniz rojo amarillento de los Stradivarius contenía un fluido del mismo color; una sustancia vital de origen inconfesable: la sangre. Una cosa es cierta: la fórmula del barniz de Stradivarius se perdió con él.

65 / 100

SÁBANA SANTA: ¿PRIMERA FOTOGRAFÍA DE LA HISTORIA?

En la impronta de la Sábana Santa de Turín, o Síndone, vemos el rostro de hombre repleto de contusiones, con excoriaciones en ambas mejillas, inflamación de la ceja derecha, un ojo desfigurado, la boca sangrante, el cartílago nasal roto, el carpo derecho atravesado por objeto punzante, más de ciento veinte laceraciones en espalda, piernas y hombros, una herida incisa en el costado... Se trata de un varón adulto, desnudo, con largo pelo y barba, y con las manos cruzadas sobre el vientre. Su altura, algo más de un metro ochenta. Por su figura, puede deducirse un peso de unos setenta y cinco u ochenta kilos, y complexión atlética.

En 1898, un fotógrafo aficionado, llamado Secondo Pia, realizó las primeras placas de la Síndone. Al revisarlas, para comprobar que estaban bien realizadas, se dio cuenta de algo que lo dejó pasmado. La Síndone aparecía en positivo. La extraña figura, al ser retratada con la cámara, se convertía en una imagen mucho más reconocible. Esto se debía a que la Síndone, la impronta en la tela, se comportaba como un negativo fotográfico. Cuando Secondo Pia revisó sus propios negativos, la vio en positivo y se quedó petrificado con el hallazgo. ¿Cómo podía ser la Sábana Santa un negativo fotográfico de una época en la que no conocía la técnica de la fotografía?

A pesar de ello, la historia nos muestra que los alquimistas árabes medievales ya utilizaban sales de plata para realizar adornos decorativos en palacios y casas señoriales. Estas sales se ennegrecían al contacto con la luz y ese efecto resultaba muy apreciado por los adinerados dueños de las propiedades. Por otro lado, desde los tiempos de Aristóteles se conoce la «cámara oscura». Muchos pintores, entre ellos Leonardo da Vinci, la usaron para sus análisis de perspectiva. Si juntamos una sustancia fotosensible con un soporte (como una tela, por ejemplo) y la cámara oscura, estamos ante una cámara fotográfica. Ni más ni menos.

En 1977, dos científicos de las Fuerzas Aéreas de Estados Unidos someten unas fotografías de la Sábana Santa al analizador de imágenes VP-8, desarrollado por la NASA para explorar la superficie de Marte. Eric Jumper y John Jackson llegan a la conclusión de que la imagen de la Síndone contiene información tridimensional. Por ello, toman la iniciativa de impulsar un proyecto científico para el estudio del Sudario de Turín: el STURP.

En 1978, la Iglesia permite a sus miembros acceder a la Síndone durante cinco días. Tras el procesamiento de la información, el estilo CSI, y su estudio detallado, llegan a la conclusión principal de que la imagen de la tela es el resultado de una radiación desconocida, con una intensidad enorme, liberada de un modo casi instantáneo. Lo más sorprendente es que afirman que tal radiación debió ser emitida por el cuerpo envuelto en la mortaja.

De un modo natural, el cuerpo humano emite radiación. Ello se debe a que sus tejidos contienen diversas cantidades de elementos radiactivos, que no son nocivos para la vida. Aparte del carbono 14, otro elemento está presente en una proporción muy superior: el potasio 40, que tarda mucho más tiempo en desintegrarse. Si, hipotéticamente, todo el potasio 40 de un organismo llegara a desintegrarse de un modo casi instantáneo, la emisión radiactiva sería más que capaz de chamuscar una tela e impresionar su imagen en ella. Incluso podría llegar más lejos, provocando una explosión.

66 / 100

MÚSICA DIABÓLICA

La música es, posiblemente, la más refinada de todas las artes humanas: la más armónica y proporcionada, la que utiliza reglas más estrictas y la que comunica sentimientos de un modo más directo y emotivo. Pitágoras afirmó, en su *Música de las Esferas*, que el orden cósmico es un orden musical, cuestión ésta que no es ajena a las filosofías orientales. Muchos creen que la música es el lenguaje perfecto para hablar con Dios. Según el relato bíblico, el rey David exorcizó a Saúl con la música de su arpa, y hasta el mismo nombre de Yahvé (IHVH) se interpretó en clave musical. Pero desde antiguo la música se ha asociado también, en la misma proporción, con el gran oponente de Dios. Nos referimos, obviamente, al Príncipe de las Tinieblas.

En los años oscuros de la Edad Media, cuando la Iglesia tenía verdadero poder y dominaba los estados seculares, se estableció que había sonidos disonantes, capaces de impulsar el alma del ser humano hacia el mal y la inmoralidad. Pero esta idea se había originado mucho antes, ya que Aristóteles afirmó que había dos tipos de música, una digna de los espíritus elevados y otra vil, propia de la chusma. Bajo la autoridad de este filósofo —que también dijo que el trabajo envilece o que las mujeres son seres inferiores—, fue prohibido el trítono, la «disonancia perfecta», un intervalo melódico al que se bautizó con el muy explícito nombre de «Diabolus in musica».

Su sonido se consideraba en sí mismo diabólico. Usarlo en una composición podía, en casos extremos, llevar a prisión o a la hoguera. Sin embargo, casi toda la música nacida en el siglo XX y la actual están basadas en él: ragtime, jazz, blues, rock, etc. Quizá por ello diversos líderes religiosos han acusado a estos estilos de contener mensajes satánicos, y aún hoy están prohibidos en algunos países árabes. Incluso los regímenes marxistas combatieron, no hace muchos años, esa música «decadente», llegada de los países enemigos occidentales.

El compositor italiano del siglo XVIII Giuseppe Tartini aseguraba que, en cierta ocasión, tuvo un sueño diabólico y musical. Se quedó profundamente dormido y entonces, ante él, apareció el Maligno interpretando una pieza al violín, tan exquisita y virtuosa que con ella pretendía seducirle para que le vendiera su alma. No lo consiguió, al parecer, pero cuando Tartini despertó quiso transcribirla a toda prisa al pentagrama, antes de que el recuerdo se desvaneciera de su mente. Esta composición existe en realidad —inspirada o no por el Demonio—: es una preciosa sonata que se titula *Il trillo del Diabolo* (*El trino del Diablo*).

67 / 100

MONSTRUOS REALES

Parece que el mundo aún encierra secretos, y algunos de los más ocultos se refieren a la biología. Existen animales desconocidos, especies no catalogadas por el ser humano, e incluso quizá fósiles vivientes: seres que se creían extintos y de los que, sin embargo, podría haber algunos ejemplares vivos. El yeti o el *bigfoot*, el monstruo del lago Ness, etc., son ejemplos de esto último. ¿Realidad? ¿Ficción? El hecho es que en los últimos años se han descubierto especies desconocidas en algunas regiones del sureste asiático, y los científicos están sorprendidos (por ejemplo, un pequeño mamífero en Borneo).

Hay historias de enormes águilas que han capturado a niños y los han llevado por los aires. En algunos casos, los testigos describen pterodáctilos, supuestamente extinguidos hace millones de años, e incluso seres voladores con apariencia humanoide. Los indios de Illinois tenían en su mitología un pájaro gigante llamado *piasa*, al que llamaban «ave devoradora de hombres». Según ellos, era enorme, de larga cola, con los ojos rojos y cuernos.

El yeti habita la región del Himalaya; el *bigfoot* o el *sasquatch*, América; también hay leyendas en África e incluso en los Pirineos, tanto en España como en Francia. Podrían ser hombres de Neandertal u otras clases de homínidos abortados en el proceso de la evolución del hombre moderno. Por lo general son más grandes que nosotros, y miden de 2 a 3 metros de altura, con pies de unos 40 centímetros.

El alpinista César Pérez de Tudela relata cómo tuvo un encuentro con el yeti en 1973, en una zona boscosa al pie de Anapurna. El ser con el que se encontró huyó de él. A Pérez de Tudela, por otro lado, le atacó una gaviota gigante en la Antártida.

La más famosa filmación de uno de estos hombres bestia es la película de Patterson, tomada en 1967 en California. En ella se ve a un *sasquatch* caminando cerca de un río, que huye cuando detecta la presencia humana.

Se han hecho estudios incluso de grabaciones de gritos, y se cree que algunos no pueden explicarse.

68 / 100

OOPARTS: TECNOLOGÍA MISTERIOSA

Casi todo el mundo cree que el desarrollo tecnológico ha sido —con la excepción de pequeños altibajos— una rampa siempre ascendente: el hombre moderno no lo sabe todo, pero sí sabe todo lo que sabían sus antepasados. Sin embargo, hay en el mundo un puñado de objetos —llamados generalmente *ooparts*, del inglés «out of place artifacts», es decir, 'artefactos fuera de lugar'— que contradicen esa manera de pensar. Objetos que no encajan con su tiempo y que nos obligan a dudar de la historia ortodoxa.

El término *oopart* fue creado en los años sesenta del pasado siglo por el biólogo norteamericano Ivan T. Sanderson. Se lo inspiró la imagen de lo que él interpretó como un cohete pintado en época romana. Están catalogados, con mayor o menor grado de credibilidad: varias calaveras talladas en cristal, un reloj suizo encontrado en una tumba antigua, la máquina griega de Antikythera, unas hebillas chinas de aluminio, la pila eléctrica de Bagdad...

El planeador de Sakkara es un objeto desconcertante —desaparecido del Museo Egipcio de El Cairo hace algunos años—. Se trata de una especie de maqueta con forma de pájaro, y cuenta con varios hechos imparciales que no pueden negar ni siquiera los más escépticos. En primer lugar, es auténtico: fue hallado en Sakkara, en una tumba egipcia de época tolemaica y se ha datado en los siglos II-III a. C. En segundo lugar, presenta ciertas «particularidades»: la cola es vertical, aunque no existen aves que la tengan así, y las alas son más aerodinámicas que realistas, con leves diferencias entre ellas que recuerdan a la asimetría de los viejos autogiros.

Dendera es una ciudad egipcia relativamente cercana a Luxor. Tiene un famoso templo, dedicado a Hathor, que se visita en las rutas turísticas por el País de los Faraones. Allí pueden verse bajorrelieves con las famosas imágenes de elementos parecidos a grandes lámparas de incandescencia, con un globo alargado y transparente, filamento interno y una especie de casquillo con cable; o enormes berenjenas con una serpiente dentro —según se quiera mirar—. En otros relieves aparece un babuino con guantes azules que parece «aislarse» con ellos de la «bombilla», como si pudiera darle una descarga eléctrica. Y en el templo de Edfú están presentes también relieves similares, aunque de tamaño mucho menor. A esta interpretación se le une que en ciertas cámaras subterráneas, aisladas y carentes por completo de luz, se hayan encontrado bajorrelieves sin que exista el menor resto o marca del uso de antorchas o fuego.

Otro ejemplo de objeto inexplicado es la hoja de un enigmático cuchillo, hallado en 1922 por el equipo de Howard Carter en la tumba de Tutankamón. Se trata de una especie de daga de unos 15 cm de longitud, con el mango algo más corto. Este cuchillo no se ha oxidado —exceptuando pequeñas zonas que muestran una fina capa amarillenta—. ¡Y eso que ya ha cumplido los 3.300 años! El cuchillo está expuesto en el Museo Egipcio de El Cairo, en una vitrina, reconstruido parcialmente por el mango, pero con la hoja bastante lozana teniendo en cuenta su antigüedad.

El pulido de lentes llegó a su máxima expresión en los siglos XIX y XX. Sin embargo, en unas excavaciones efectuadas en 1847 en Nimrud (o Kalkhu), una de las antiguas capitales de Asiria, el arqueólogo británico Austen Henry Layard hizo un descubrimiento «imposible»: un cristal de cuarzo, tallado en forma de lente, con más de 2.500 años de antigüedad. Y lo más sorprendente no es esto, sino que, un siglo más tarde, el investigador Derek de Solla Price, de la Universidad Yale, encontró restos metálicos en sus bordes. Unos restos que sólo podían apuntar en una dirección: la lente había estado engastada en una montura metálica, un monóculo o unas gafas anteriores al nacimiento de Cristo. A partir de este descubrimiento, otro investigador, Robert Temple, llevó a cabo un exhaustivo estudio en el que catalogó otras lentes de la Antigüedad que habían sido halladas en Rodas, Troya, Cartago, Éfeso y Egipto.

69 / 100

LA «GRAN OBRA» ALQUÍMICA

Corría el año 1355. En París vivía un hombre de vida sencilla, llamado Nicolás Flamel, aficionado a las artes mágicas y adivinatorias, la alquimia, la astrología. En aquel tiempo, la Iglesia aún no había prohibido oficialmente tales prácticas, aunque sus seguidores lo hacían de un modo discreto. En ese escenario, Flamel fue profundizando en sus estudios esotéricos. Un día cayó en sus manos un viejo libro escrito en una lengua desconocida. Los caracteres eran hebreos, pero la lengua que consignaban permaneció oscura a todos sus intentos por descifrarla. También reconoció en él los símbolos propios de la alquimia.

Aquel libro debía de contener algo muy importante. Quizá el secreto de la Gran Obra Alquímica. Buscó en París a un sabio hijo de Israel, que no supo descifrar el libro, pero le envió al Sur, al reino ibérico de León. Junto con Toledo, la ciudad leonesa era el principal centro de estudios sobre la cábala judía, y allí vivía un hombre de sabiduría sin igual: el maestro Canches. Flamel emprendió el largo viaje y lo dejó todo para ir en pos de aquel sueño de sabiduría arcana, de riquezas ilimitadas y de prolongación de la vida.

Cuando llegó a León, no le costó mucho encontrar al maestro Canches. Al cabo de varios años, durante los cuales Flamel vivió en casa del sabio entregado por completo a desentrañar los misterios del libro, fueron al fin capaces de comprender la lengua desconocida. Pero no su oculto significado. El maestro Canches envió una misiva a otro cabalista, de Polonia, para pedirle consejo. La única esperanza era viajar al lejano reino del Este, atravesando Francia y los Países Alemanes, y unir sus intelectos con el suyo.

En los Pirineos, el maestro Canches enfermó de fiebres, pero, en su delirio, tuvo una iluminación. Comprendió de pronto, como en una epifanía religiosa, el enigma de las láminas. Cada vez más débil, sin detenerse en explicaciones, elaboró con ayuda de Flamel la sustancia alquímica descrita en el libro: la piedra filosofal, capaz de transmutar el plomo en oro; y el elixir de la vida, de la eterna juventud, capaz de otorgar la victoria total sobre la muerte. Por desgracia, el viejo cabalista murió justo antes de que la sustancia se hubiera formado y asentado en el horno alquímico, y no tuvo tiempo, siquiera, de revelar a su compañero el secreto de su elaboración.

Flamel regresó a París con el libro y una pequeña cantidad de la sustancia que el maestro Canches había preparado. A partir de entonces, sus riquezas aumentaron y dejó de envejecer. A lo largo de los años, tuvo que cambiar en varias ocasiones de identidad y de nación. Muchos ansiaron conocer el secreto que él mismo no conocía, y arrebatarle el «polvo de proyección» creado por el sabio judío. Desde entonces, según la leyenda, Flamel —o como quiera que se ha llamado en cada siglo— vive como un inmortal: Cornelio Agrippa, John Dee, Paracelso, el conde de Saint-Germain, Fulcanelli...

70 / 100

LOS MONSTRUOS DEL INCONSCIENTE

En 1972, un grupo canadiense de expertos en fenómenos paranormales, la Sociedad para la Investigación Psíquica de Toronto, decidió realizar un experimento audaz. Se trataba de repetir una de aquellas famosas *séances* espiritistas que entusiasmaron al público —e incluso a científicos de la talla de Pierre y Marie Curie o inventores como Guillermo Marconi, Nikola Tesla y Thomas Edison— en el siglo XIX y principios del XX. El grupo canadiense pretendía no ya invocar a un supuesto espíritu descarnado, sino crear uno con su imaginación.

A primera vista sonaba a completo despropósito. Pero el concepto venía de antiguo, y no sólo de las tradiciones europeas. En el ocultismo de varias culturas existía el concepto de *egrégor*, una entidad no material capaz de ejercer influencia en el mundo material, creada mediante la canalización de los pensamientos y la voluntad de los seres humanos.

Los canadienses, que recurrieron a la televisión para dar fe de su experiencia, lograron que se generara una de estas entidades, a la que bautizaron como Philip. Lo más curioso fue que, enseguida, Philip comenzó a actuar con cierta independencia, desvinculándose de los pensamientos de sus creadores. En cierto sentido, escapando a su control.

A diferencia de los seres terribles pero físicos, como el gólem creado por el rabino Judah Loew de Praga, los antiguos magos y ocultistas también creyeron en la creación de entidades invisibles. Para ellos, el egrégor puede hacerse más fuerte que quienes lo crearon, imponerse a ellos y mantenerse en estado de latencia hasta encontrarse con nuevos «controladores». El problema radica en que no está claro quién controla a quién.

Quizá el egrégor no sea otra cosa que el reflejo de técnicas milenarias, empleadas por las distintas civilizaciones para canalizar el casi ilimitado poder de la mente. Incluso ciertos experimentos, realizados en laboratorios militares o de universidades, como la de Princeton en Estados Unidos, ya fueran secretos o públicos, parecían demostrar la realidad de este hecho, relacionado con los llamados «monstruos del inconsciente». Todos tenemos uno de esos monstruos en lo más profundo de nuestra psique. Es una realidad enraizada en nuestra evolución como especie. Antes de ser lo que somos, seres humanos, fuimos bestias con afanes tan brutales como los de cualquier otro depredador.

71 / 100

OVNIS

El planeta Tierra es una gran pecera en la negrura cósmica, iluminada por una estrella mediocre, amarilla y más bien canija, a la que llamamos Sol. Siempre nos hemos preguntado si estamos solos en el Universo. Quizá existan otras criaturas allende los mares espaciales. Pero, si es así, ¿nos visitan? ¿Están entre nosotros? Nadie sabe con certeza cuándo comenzaron los avistamientos ovni. Hay fenómenos en el cielo que, *a posteriori*, se han interpretado como avistamientos ovni. Pero esto es especulativo. Históricamente se acepta que estos testimonios comienzan a finales del siglo XIX o principios del XX. Los primeros «ovnis» pudieron ser dirigibles, en su tiempo aeronaves desconocidas. Luego otra clase de aviones. Incluso armas.

Los primeros testimonios son de diversos tipos. Objetos volantes alargados, en forma de barrilete, aplanados... En 1901 cayó una especie de pegamento del cielo en una región de Bélgica. En 1904 un barco de la armada estadounidense divisó tres luces volando en formación durante la noche. En esos años hay informes de objetos que sobrevolaron a gran velocidad varias ciudades de Estados Unidos, Australia, Europa...

Hoy, este fenómeno ha quedado un tanto relegado, aunque hizo verter ríos auténticos de tinta en los últimos cincuenta o sesenta años. En todo caso, la mayoría de los países del mundo registran al menos un suceso ovni al día. Ello no quiere decir, por supuesto, que tenga que tratarse de naves espaciales de seres extraterrestres —aunque tampoco lo contrario—, pero indica que nuestros cielos están poblados de «entes» que no somos capaces de encuadrar. Y cuando expertos pilotos de aviones, militares con formación científica, controladores aéreos ante frías y objetivas pantallas de radar, detectan un objeto que escapa a su comprensión... eso no puede dejarse a un lado como si no sucediera. Hay casos que no pueden desestimarse, aunque no alcancemos a dar una explicación convincente.

El fenómeno se da y los hechos siempre son más fuertes que las razones. Aunque no sabemos si se trata de auténticos alienígenas de paseo por nuestro barrio cósmico, de armas ultrasecretas ocultadas incluso a los militares que no participan en los proyectos, o bien un fraude propio de bromistas, estafadores, locos o alucinados. Sea como fuere, el momento «estelar» de este fenómeno ha sido el llamado *caso Roswell*. Se produjo en 1947, cuando un ovni se estrella supuestamente en Roswell, estado de Nuevo México, Estados Unidos. La leyenda dice que estaba tripulado por cuatro alienígenas, tres de los cuales mueren en el accidente. El superviviente y los restos del platillo son ocultados por el Ejército.

Incluso ha circulado una grabación con la supuesta autopsia a uno de los extraterrestres, que hoy se sabe falsa, pero no queda claro si se trató de una maniobra del Gobierno de EE. UU. para desviar la atención y desacreditar el caso o un simple engaño.

72 / 100

LA GASOLINA SINTÉTICA Y EL MOTOR DE AGUA

Para muchos, la gasolina sintética y el motor de agua son dos quimeras. Dependemos del petróleo y de los países y las multinacionales que controlan su producción. Hace años se hablaba mucho de que las reservas se estaban agotando. Hoy ya no se habla, pero tampoco se dan alternativas efectivas. Hay quien dice que existe una conspiración relacionada con los combustibles. Las grandes petroleras tendrían la fórmula de la gasolina sintética y el diseño del motor de agua, pero no los sacan a la luz para seguir lucrándose a costa de todos nosotros.

Lo primero que hay que decir es que la gasolina sintética como tal no es ninguna quimera. Durante la II Guerra Mundial, los nazis produjeron más de seiscientas mil toneladas, según el método Fischer y Tropsch, para la maquinaria bélica. El encargado de este proceso fue el grupo industrial IG Farben, que creó gigantescas plantas para la hidrogenación de carburos. Eso sí, resultaba más cara que la natural y de menor octanaje. Otros países, como Sudáfrica, también la han producido con posterioridad.

Siendo más cara y de menor octanaje, no sirve como alternativa de un modo permanente, sólo para casos concretos de carestía. Sin embargo, hacia el final de la guerra, se cree que los científicos nazis lograron una nueva fórmula con la que intentaron negociar una salida con los gobiernos británico y norteamericano. Si es que existe, esta fórmula de la gasolina sintética podría estar hoy sepultada en alguna caja fuerte, ya que sería una terrible amenaza para el estatus económico mundial y las empresas del petróleo.

Claro que, mejor aún que gasolina barata, sería poner en el depósito del coche agua del grifo. Se trataría de una fuente de energía inagotable y más fácil de tratar o extraer que el petróleo. Incluso en los países con escasez de agua, bastaría con crear plantas desalinizadoras como las que ya existen en muchos lugares. En los años setenta del siglo pasado, Arturo Estévez Varela patentó un motor de agua y se dedicó a ir por toda España haciendo demostraciones. Lo primero que hacía era dar un trago a un botijo para demostrar que aquello no era más que agua y luego la echaba en el depósito de un pequeño ciclomotor junto con un «componente secreto» que nunca reveló. Decía conseguir con 2,5 litros de agua la misma energía que con 9 litros de gasolina. Y además sin emisiones contaminantes.

El gobierno de Franco desestimó su producción. Algunos dicen que misteriosamente; otros que le compraron la patente y su silencio. El caso es que en los noventa hubo otro inventor, Stan Meyer, éste norteamericano, que también anunció haber creado un motor de agua. Realizó filmaciones y tenía su laboratorio en el garaje de su casa. Un día fue hallado muerto en extrañas circunstancias y el garaje completamente vacío.

La pregunta es si realmente es posible un motor de agua. En teoría no, porque la energía necesaria para disociar la molécula de agua en hidrógeno y oxígeno, sus componentes, es mayor que la que luego pueden aportar estos gases. Algunos dicen que el truco estaba en añadir boro u otro elemento químico para lograr el «milagro».

Sin embargo, la revista *New Scientist* publicó hace un tiempo que investigadores israelíes y norteamericanos estaban llevando a cabo un proyecto conjunto para hacer realidad el revolucionario invento. Otro proyecto lo ha realizado una compañía japonesa llamada Ganepax. Se supone que esto va en contra de la física y la química, pero ¿quién sabe...?

73 / 100

EL NACIMIENTO DE JESÚS

Dios y hombre o sólo hombre —pero, sin duda, la figura influyente de la historia de la humanidad—, Jesús de Nazaret está rodeado de mitos. Sabemos muy poco del nacimiento y la infancia de Jesús. No hay que olvidar que los cuatro Evangelios canónicos se escribieron varios decenios después de la muerte de Jesús, quizá entre cuarenta y setenta años, aproximadamente. La vida de Jesús ha quedado distorsionada bajo una gruesa capa de mitos. Ni los doctores de la Iglesia ni los más importantes historiadores tienen las respuestas.

El primer enigma es cuándo tuvo lugar su nacimiento. El calendario tiene obviamente como fecha de origen el año primero de nuestra era. Pero este año de inicio, establecido de un modo convencional en el momento del supuesto nacimiento de Jesús, fue elegido contando hacia atrás por Dionisio el Exiguo en el siglo VI. Este hombre casi enano fue astrónomo y abad de un monasterio en Roma, y recibió del papa el encargo de calcular el año de nacimiento de Jesús. El problema es que erró en seis años la cuenta. Hoy, los investigadores más prestigiosos creen que Jesús nació en el año sexto antes de Cristo (de sí mismo...). Por otra parte, los estudios astronómicos de estos mismos investigadores sitúan la Natividad en el mes de abril, y no en diciembre como convencionalmente se ha venido considerando.

Sólo los Evangelios de Lucas y Mateo narran el nacimiento. Hay dudas al respecto del supuesto pesebre donde tuvo lugar. Se cree que Jesús pudo nacer más bien en una cueva o gruta, que hoy se visita en el tour cristiano por tierras de Israel. Pero todo esto, al igual que la Vía Dolorosa, es parte del negocio montado en torno a la vida supuesta de Jesús, y basada en hechos muy dudosos, o incluso inventados.

En cuanto a la famosa estrella que guió a los Magos de Oriente (en ningún momento se dice en los Evangelios que sean tres, ni sus nombres) pudo ser un fenómeno astronómico singular. En la época en la que Jesús nació, verdaderamente se dio una conjunción planetaria que bien pudiera ser esa «estrella». Aconteció concretamente el día 17 de abril del año 6 a. C., lo cual es coherente con los relatos referentes a Herodes (y su matanza de infantes), pues éste murió en el año 4 a. C.

Al margen de estas cuestiones, la Biblia está compuesta por los llamados libros canónicos. Estos libros se consideran escritos por autores sagrados. Por otro lado, encontramos también textos no aceptados en el canon, aunque se siga admitiendo que tuvieron autor «inspirado». Es el caso de los escritos apócrifos, que no forman parte de la Biblia.

Origen apócrifo:

– La cueva de Belén o el buey y el asno (o la mula).

– El descenso de Jesús a los infiernos.

– Los nombres de los padres de la Virgen, Joaquín y Ana.

– Los tres reyes magos con los nombres de Melchor, Gaspar y Baltasar (en el apócrifo Evangelio Armenio de la Infancia se añade que Melchor imperaba sobre los persas, Baltasar prevalecía sobre los indios y Gaspar poseía el país de los árabes).

– El hecho de llamar Longinos al legionario romano que atravesó el costado de Jesús con la lanza.

– Que la lanzada fuera en el costado derecho.

– La historia de Verónica.

74 / 100

SETI: BÚSQUEDA DE INTELIGENCIA EXTRATERRESTRE

Las siglas SETI corresponden al proyecto científico de Búsqueda de Inteligencia Extraterrestre (Search for ExtraTerrestrial Intelligence). En 1959, los científicos Giuseppe Cocconi y Philip Morrison sugirieron el uso de radiotelescopios para tratar de captar mensajes de civilizaciones alienígenas. Poco después, Frank Drake desarrolló un proyecto llamado Ozma, al que siguió una decisiva reunión en Green Bank (Virginia Occidental, EE. UU.), en la que se unificaron criterios y esfuerzos entre las principales figuras científicas que ya trabajaban en la búsqueda científica de vida inteligente extraterrestre.

En 1967 se produjo un acontecimiento que agitó esta búsqueda. Ocurrió en la universidad de Cambridge, en la que una joven licenciada en Física, Jocelyn Bell, estaba cursando su doctorado. El tema de éste eran los quásares, unos extraños y extremadamente lejanos objetos que se mueven a velocidades vertiginosas y emiten una enorme cantidad de radiación. Para sus estudios, Bell empleaba un radiotelescopio acabado de construir. Analizando los registros obtenidos con él, descubrió que había algo extraño, unas señales de radio demasiado rápidas y regulares para atribuirse a un quásar. En un primer momento, Jocelyn y su tutor, Anthony Hewish, imaginaron que se trataba de interferencias de origen terrestre de algún tipo, pero cuando trataron de filtrarlas por los medios habituales se dieron cuenta de que no era así y de que las señales procedían realmente del espacio exterior.

El misterio llamó la atención de muchos otros científicos, que acudieron al observatorio de Cambridge para analizar las señales. Y al final se descubrió la verdad. No se trataba de una comunicación extraterrestre, sino de un objeto cósmico ya previsto por la física teórica, pero que hasta entonces nunca había sido observado: un púlsar.

Uno de los momentos más relevantes que hasta ahora se han dado en la historia del proyecto SETI fue el envolvimiento en él de la propia agencia espacial de EE. UU., la NASA. Todo empezó en 1970, gracias a John Billingham, un miembro destacado del centro de investigación Ames de la NASA que convenció al entonces director de ésta, Henry Mark, para hacer un estudio sobre las técnicas empleadas por el proyecto SETI y sobre la viabilidad de la existencia de vida extraterrestre inteligente. En este estudio, patrocinado por la universidad de Stanford, además de por el centro Ames de la NASA, participó Bernard Oliver, el vicepresidente de Hewlett Packard y uno de los fundadores del proyecto SETI.

Sin duda, el suceso más importante hasta la fecha —que se sepa públicamente— fue la captación de un mensaje de radio con un patrón inteligente (6EQUJ5). Ocurrió el 15 de agosto de 1977, con el radiotelescopio Big Ear de la Universidad de Ohio. La señal duró algo más de un minuto y provenía de una región en la constelación de Sagitario. Al comprobar los registros, Jerry R. Ehman, científico voluntario perteneciente al proyecto, hizo una anotación al margen que ha pasado a la historia: «Wow!».

75 / 100

TESLA: EL HOMBRE QUE CAMBIÓ EL MUNDO

Nikola Tesla cambió el mundo... Y podría cambiarlo aún más en el futuro. Porque a este inventor serbio debemos, por ejemplo, que todos nuestros aparatos eléctricos funcionen. Acabó pobre y tachado de loco, pero hoy está siendo restaurado su nombre para la historia.

Debemos a Tesla la corriente alterna, así como varios tipos de motores eléctricos que fueron inventados por él y todavía están en muchos aparatos. Literalmente, gracias a Tesla el mundo está iluminado. Empezó trabajando como ingeniero en Budapest. Su mentor le recomendó a Edison y fue a EE. UU. Edison le pidió que rediseñara el generador eléctrico de su laboratorio. Le prometió 50.000 dólares. Tesla lo hizo, además de un buen puñado de inventos que fueron patentados por la empresa de Edison, y luego no le dio el dinero. Tesla se enfadó tanto que dimitió y se marchó. Estuvo un año trabajando en la construcción. Hizo lo que su conciencia le dictaba. Esto fue una constante en su vida.

En cuanto a sus rarezas, Tesla estaba obsesionado con el número 3 y sus múltiplos. Usaba un casco radiactivo para tonificar su mente. Lo increíble es que no desarrollara alguna clase de tumor. Al final de su vida se dedicó a cuidar y curar palomas heridas. Y llegó a decir que recibía mensajes extraterrestres que le llegaban del espacio. Y no queda ahí la cosa. Le daban repulsión las orejas perforadas y los pendientes de las mujeres. Decía que sentía casi dolor físico al verlos. Y también tenía una especie de fobia a los ruidos. Hasta a los más leves. En su laboratorio, aseguraba que era capaz de oír un tren que pasaba a decenas de kilómetros.

Pero también era un auténtico genio. Entre sus ideas más alucinantes está la transmisión de la electricidad sin hilos. De hecho, la radio se debe más a él que a Marconi, que simplemente usó sus patentes, las unió y realizó la primera emisión de radio. Tesla inventó un aparato, la bobina que lleva su nombre, que emitía la corriente al aire o a la tierra, y así logró encender bombillas a más de un kilómetro de distancia de la gran torre que construyó en su laboratorio de Colorado Springs. Pero había un problema: que no había forma de cuantificar el consumo. De poner un contador. Seguramente por eso no logró el apoyo suficiente en el desarrollo de esta idea.

Su guerra contra Edison fue tremenda. Edison, un tipo sin escrúpulos, defendía la corriente continua, que es muy poco eficiente en cuanto al transporte. Como Tesla defendía la corriente alterna (de hecho, la que llega hoy a los hogares y fábricas de todo el mundo), Edison iba por las ferias de EE. UU. electrocutando animales con descargas de corriente alterna, para demostrar, según él, que era peligrosa. Hasta llegó a electrocutar a un elefante. Y no se detuvo ahí. Consiguió convencer a las autoridades para que se construyera la primera silla eléctrica en la prisión de Sing Sing. También para demostrar que la CA era peligrosa. No le importó nada el sufrimiento de los reos tostándose en la famosa silla. Aunque Edison también tenía su punto esotérico, ya que inventó el fonógrafo tratando de crear un aparato para comunicarse con los espíritus de los muertos.

Cuando Tesla murió, casi en la pobreza, en su habitación del hotel Newyorker de Nueva York, el FBI incautó todos sus papeles. Había en ellos ideas muy avanzadas y terroríficas. La más famosa es el «rayo de la muerte», un arma capaz, teóricamente, de derribar aviones en el aire a kilómetros de distancia. Que se sepa, nunca se desarrolló. Pero también creó una máquina para generar terremotos. A los aficionados a las conspiraciones, todo esto les sonará familiar... Hoy se habla de sistemas para controlar el clima, provocar cataclismos y un largo etcétera.

76 / 100

IMÁGENES DEL CIELO EN LA TIERRA

Desde el principio de los tiempos, el ser humano ha sentido que no estaba solo en el Universo. Y, del mismo modo, siempre miró al cielo en busca de aquello que estaba situado sobre él, y no sólo en el sentido literal. Por eso «proyectó» lo que veía en lo alto sobre el mundo en el que vivía. Las catedrales góticas más famosas de Francia: Évreux (la más tardía), Notre-Dame de París, Reims, Amiens, Bayeux y la más misteriosa de todas, Chartres, fueron construidas siguiendo una «mapa» celestial que emulaba las estrellas de la constelación de Virgo. Esta constelación, la Virgen, está relacionada con la «Gran Madre» a la que ya adoraban los celtas y, más tarde, los templarios.

Los constructores eligieron esa disposición porque ese sentimiento de que hay algo más, algo por encima de todos nosotros, ha estado presente desde siempre en todos y cada uno de los pueblos humanos. Los puntos donde se construyeron las catedrales góticas de Francia ya eran lugares venerados por los antiguos, como si allí hubiera alguna clase de «energía mística». Quien haya visitado, por ejemplo, la catedral de Santiago de Compostela, ha tenido que sentir esa «fuerza». Es algo que está impreso en ciertos lugares y que se filtra en quienes los visitan. Y Francia no es el único ejemplo de ello.

Existen dos pueblos muy separados en el tiempo y el espacio que actuaron de un modo casi idéntico: los egipcios, constructores de pirámides, y los anazasi, un antiguo pueblo indígena de América que vivió en la región del norte del actual México y los estados norteamericanos de Nevada, Colorado y Nuevo México. En su caso, el modelo fue la constelación de Orión, el cazador celeste. Los anasazi son antepasados de muchas de las tribus indias modernas (sioux, navajos, etc.). En el siglo XI florecieron como civilización, creando ciudades mucho más avanzadas que las otras tribus que serían sus descendientes, como la de los hopi. En algunas cuestiones, como la astronomía, poseyeron conocimientos impensables con su tecnología y que ningún otro pueblo precolombino poseyó, ni siquiera los mayas.

Los anasazi sabían que algunas estrellas eran dobles, aunque en Occidente eso no se descubrió hasta la llegada del telescopio. Por ejemplo, Rigel, la estrella beta de Orión, que es binaria, algo que no se supo no ya con la invención del telescopio, sino hasta principios del siglo XIX. La constelación de Orión era muy importante para aquel pueblo, que estableció sus principales núcleos de población emulando su forma.

Por su parte, los egipcios construyeron las pirámides de Guiza siguiendo la forma del Cinturón de Orión, que está formado por las tres estrellas centrales, Mintaka, Alnilam y Alnitak. Otras pirámides menores por todo Egipto también siguen la forma de la constelación.

Hay quien relaciona todo esto con los extraterrestres. Al fin y al cabo, la Antigüedad guarda muchos secretos y es una manera de buscar una explicación mítica. ¿Quién sabe? El hecho es que hay muchos enigmas que apuntan a que sí debió existir una civilización antigua con conocimientos tan avanzados como, quizá, los de Occidente en el siglo XVIII o XIX.

77 / 100

¿LLEGÓ COLÓN A AMÉRICA ANTES DE 1492?

El papa Inocencio VIII —nacido Giovanni Battista Cybo— murió el día 25 de julio de 1492; es decir, casi tres meses antes de que Colón arribara a las costas de la que luego se llamaría América. ¿Cómo es posible, entonces, que en su tumba, en el Vaticano, rece este epitafio: «Fue grande por la gloria del Nuevo Mundo, descubierto en su tiempo»?

Un investigador italiano, Ruggero Marino, sostiene que Cristóbal Colón e Inocencio VIII eran familia y que el papa le ayudó a abrirse camino en la corte de los Reyes Católicos. Hasta el apellido Cybo tiene que ver con «cubo», en español, de modo que la isla de Cuba pudo bautizarse así por él. Ambos eran genoveses, su parecido físico es muy notorio... ¿Pudo Colón saber más de lo que creemos? ¿Tener acceso a mapas secretos? ¿A conocimientos de los caballeros templarios?

El mapa de Piri Reis (del que también se habla en este libro), titulado por el almirante turco «Mapa de Colón», dice literalmente que las tierras del Nuevo Mundo fueron descubiertas en el año 890 de la hégira (1485 en el calendario cristiano) por un infiel llamado Colón. La teoría del «prenauta», que habla de un navegante que llegó con anterioridad a las costas del Nuevo Mundo, podría resolverse con que ese marino no era otro que el mismo Colón.

Son muchas dudas y las respuestas quizá nunca lleguen. Algunos investigadores sostienen que, incluso antes que el Almirante, «visitaron» América los vikingos (esto parece probado, aunque nunca supieron que Terranova pertenecía a un nuevo continente), los navegantes escoceses, los templarios (y de ahí sus inmensas riquezas), los chinos con una inmensa flota, o hasta los antiguos egipcios... Sea como fuere, y volviendo a Colón, siempre ocultó muchos detalles de su pasado y de sus conocimientos, de modo que la hipótesis, al menos, no es descabellada.

78 / 100

VUDÚ Y ZOMBIS

En tiempos coloniales —a partir del siglo XVI—, muchos negros africanos fueron capturados en sus regiones de origen y conducidos a América como mano de obra esclava. Ellos llevaron sus cultos religiosos consigo, que fueron prohibidos por los franceses, portugueses y españoles. Sus amos les obligaron a convertirse al catolicismo, pero los africanos mantuvieron en secreto sus cultos por medio del sincretismo: la unión de sus antiguas creencias, de carácter mágico y animista, con el cristianismo. El resultado fue un grupo de religiones afro-latino-caribeñas, que se distribuyen en una franja que va desde el sur de Estados Unidos, y las islas del mar Caribe, hasta Brasil: el vudú, la santería, el candomblé, etc.

El vudú es una religión que nace en Haití, pero que se practica también en el sur de Estados Unidos. Si Jerusalén es la ciudad tres veces santa, Nueva Orleans es la ciudad cuatro veces maldita: por cristianos, judíos, musulmanes e indígenas americanos. Es la ciudad del vudú, más allá incluso de Haití.

Como religión, el vudú tiene una componente «buena» y otra «mala». La mala comprende rituales de magia negra, sacrificios, maldiciones, etc. Son famosos los muñecos o muñecas de vudú, en los que se insertan clavos o alfileres. A veces se rapta y asesina a un niño (si es negro, preferiblemente albino), para confeccionar ciertos elementos de estos muñecos, que luego se someten a un rito mágico y se atraviesan con alfileres, otro elemento muy famoso del vudú en la zombificación.

Los zombis existen realmente. Se les conoce como «muertos vivientes», pero no son tales. En la práctica del vudú se emplea la tetrodotoxina, el temible veneno del pez globo (variedades similares al conocido fugu, tan apreciado en la alta cocina japonesa). Con las dosis adecuadas de «polvo vudú», es posible ralentizar el ritmo cardiaco de tal modo que un ser humano parece muerto. Pero luego recupera la vida y aparece ante los demás como un muerto viviente, descerebrado y servidor de quien lo creó. Las creencias y la sugestión desempeñan un papel importante.

79 / 100

RELIQUIAS MISTERIOSAS: SANTO GRIAL DE VALENCIA, LIGNUM CRUCIS DE LIÉBANA Y SANTO SUDARIO DE OVIEDO

Nadie sabe a ciencia cierta dónde está el cáliz que Jesús utilizó en la Última Cena, o si llegó a conservarse. Hay muchas leyendas. Pero el Grial que se custodia en la catedral de Valencia es, de todos los que por el mundo reclaman ser el auténtico, el que más visos tiene de poder serlo (hay «griales» en Génova, Nueva York, Gran Bretaña, Irlanda, Viena, Toledo, etc.).

La copa valenciana es de calcedonia, una piedra semipreciosa coherente con el vaso de un hombre rico de tiempos de Jesús (¿José de Arimatea?). Se han llevado a cabo diversos análisis. Uno afirma que procede del siglo I. Se cree que pudo llegar a Roma y de allí a España a finales del siglo VI, en tiempo del rey visigodo Recaredo.

Más de un papa ha celebrado misa con este grial, pero la Iglesia no se pronuncia. No hay modo de saber si es auténtico, pero sí hay formas para saber que otros no lo son. Y el único que «podría» ser real es el de Valencia. Y eso ya es, de por sí, fascinante.

En cuanto a la cruz de Cristo, existen diversas leyendas sobre cómo fue hallada y llevada a los territorios cristianos de Europa. Sea como fuere, en España se encuentra el mayor de todos los fragmentos de la supuesta Vera Cruz, en Cantabria. Concretamente en el monasterio franciscano de Santo Toribio de Liébana.

El mismo origen de este monasterio de las montañas cántabras, cercano a Potes y los Picos de Europa, está rodeado de leyendas, aunque un precursor del actual se fundó en el siglo VI. Allí escribió el Beato de Liébana su famoso comentario del Apocalipsis (que se menciona en *El nombre de la rosa*, por ejemplo). De lo que no hay duda es de que Santo Toribio de Liébana es uno de los lugares santos más importantes de la cristiandad.

El Lignum Crucis posiblemente llegó a Santo Toribio en el siglo VIII. Otra reliquia de la cruz de Cristo en España —hay más— es la cruz de Caravaca, en Caravaca de la Cruz, Murcia.

El Santo Sudario de Oviedo se halla en la Cámara Santa de la catedral. Es un paño de lino con manchas diversas, algunas de sangre. La tradición cristiana dice que fue la tela que cubrió el rostro de Jesús cuando fue amortajado en el sepulcro, junto con la Sábana Santa. Se sabe que está en España desde el siglo VII y, a diferencia de la Síndone, no muestra ningún rostro, al menos de un modo evidente. Estudios realizados sobre la tela han demostrado que existen granos de polen de la misma época y especies que en la Sábana Santa, aunque el tejido no es igual.

Algunos estudios sostienen que sí hay un rostro, pero que no puede verse a simple vista. La reconstrucción muestra a un hombre muy parecido al de la Síndone, aunque como si mirara hacia abajo. En cuanto a la sangre, es de tipo AB. Algo muy curioso, ya que es el grupo sanguíneo más raro, pero muy habitual entre los judíos.

80 / 100

¿LA ATLÁNTIDA EN ESPAÑA?

La mítica Atlántida —o Atlantis, el continente perdido— se menciona en la obra del filósofo griego Platón (en los diálogos *Timeo* y *Critias*, en concreto). Muchos la han buscado y han creído en su existencia. Sin embargo, no parece haber rastro... ¿O quizá sí?

En el *Timeo*, Platón dice cosas como que la Atlántida «destaca por su magnitud y excelencia» y «avanzaba al mismo tiempo sobre toda Europa y Asia, partiendo de fuera, desde el piélago del Atlántico. Entonces era posible atravesar aquel piélago porque tenía una tierra insular delante de la boca que vosotros nombráis, según dais a conocer, Columnas de Hércules».

Eso parece querer decir más allá del estrecho de Gibraltar, en el Atlántico. Pero sólo si se interpretan la Columnas de Hércules como lo hacemos nosotros. Hay controversia sobre esto. Algunos estudiosos la han situado dentro del Mediterráneo, en las islas Cícladas.

Platón también decía que era «la mayor isla de África y de Asia», que «era grandiosa, confederada, maravillosa y poderosa; de reyes que gobernaban, además de en toda la tierra insular en muchas otras tierras insulares y regiones de la tierra firme, y también sobre estas [regiones] del interior, hacia acá, que son las primeras de África, por un lado, hasta cerca de Egipto, y las de Europa hasta la Tirrenia [península Itálica]».

Esto parece significar que la Atlántida era más bien un imperio, que dominaba vastas regiones del mundo. Quizá un imperio anterior al más antiguo conocido. Anterior a los egipcios, hititas, caldeos, etc. Pero no hay restos arqueológicos incontrovertibles.

Sobre su desaparición, el *Timeo* dice que seísmos cataclísmicos, originados en un día y una noche terriblemente penosa, destruyeron la Atlántida, que desapareció debajo del mar. Añade, eso sí, que está a muy poca profundidad, lo cual parece negar la posibilidad de que se hallara en medio del Atlántico.

En todo caso, algunos creen que es un simple mito... Pero, desde que el loco de Schliemann descubrió Troya, quién puede asegurarlo... Lo que es seguro es que no todos los mitos de la Antigüedad son sólo eso. Los hay con base real. De hecho, hay indicios sobre una posible Edad de Oro hace miles de años. Quizá un cataclismo borró de la faz de la Tierra a una civilización como la nuestra... No es descabellado.

Recientemente se ha lanzado la idea de que la Atlántida pudo estar en el sur de lo que hoy es España. La ha estudiado un equipo internacional de investigadores, patrocinados por la National Geographic Society. La Atlántida pudo hallarse al noroeste de Cádiz y haber sido devastada por un enorme tsunami. No sería la primera vez que eso sucede (hubo uno en el siglo XVIII, cuando se produjo el devastador terremoto de Lisboa). El lugar exacto sería el Parque Nacional de Doñana.

Ha llegado a esta conclusión un equipo de geólogos y arqueólogos, algunos españoles, dirigido por el profesor norteamericano Richard Freund, de la Universidad de Hartford, en Connecticut (EE. UU.). Para ello, los investigadores manejaron, durante dos años, imágenes satelitales y de radares de subsuelo, cartografía diversa y dispositivos de imagen subacuática. Entre los motivos para llegar a estas conclusiones encontramos el hecho de que en otras zonas de España existen vestigios de ciudades con una configuración similar, en círculos concéntricos, a las descripciones de la Atlántida, y que podrían haber sido fundadas por supervivientes del cataclismo. Según afirma el profesor Freund, el lugar exacto resulta accesible solamente durante el verano y es el mejor candidato descubierto hasta la fecha en el mundo.

81 / 100

EL ENIGMA VERNE

Muchos creen hoy que Julio Verne era un escritor juvenil. Pero nada más lejos de la realidad. Verne nunca fue un escritor juvenil, aunque sí muy popular entre los adolescentes. Y no porque sea un autor «simple», ya que de hecho es todo lo contrario, sino porque estimula la imaginación de los que tienen el espíritu más joven. Muchos de sus libros son famosísimos, pero sabemos poco de él como persona. Hay muchos puntos oscuros en torno a la vida de Verne, a la vez que algunas cuestiones que, quizá para siempre, pertenecerán al archivo de enigmas sin resolver.

La primera, de dónde sacó la inspiración científica. Él decía que devoraba todas las publicaciones científicas de su tiempo, pero carecía de formación científica y tuvo demasiados aciertos. Por ejemplo, el submarino nuclear, los viajes espaciales, la conquista de la Luna, las máquinas voladoras más pesadas que el aire, el sistema de iluminación de las grandes ciudades, las comunicaciones digitales, etc. Aunque también se equivocó en muchas cosas. Por ejemplo, en el modo de viajar a la Luna, totalmente irrealizable.

Otro de los principales enigmas sobre Verne es si perteneció a una sociedad secreta denominada La Niebla, a la que también pertenecieron, supuestamente, Alejandro Dumas y George Sand. Se trataba de un grupo de iniciados, con una cúpula formada por hombres poderosos, que controlaban en la sombra los destinos del mundo. Quizás es sólo una leyenda, pero está ahí. Y, lo más relevante, hay quien cree que la famosa tumba de Verne, en Amiens, revela algo importante sobre hasta dónde llegó el escritor a través de esa sociedad secreta...

¡Hasta la inmortalidad! Pero no metafórica, como una figura de la historia de la humanidad, sino literal, real. Su tumba muestra a una estatua de Verne saliendo de la tierra, con un brazo en alto y la mano extendida, como si quisiera escapar de la tumba.

82 / 100

SUEÑOS PREMONITORIOS

Todos soñamos. Hasta las personas invidentes sueñan, aunque sólo lo hacen con imágenes las que alguna vez pudieron ver. Al despertar, olvidamos nueve de cada diez sueños, y los que recordamos se diluyen en los primeros minutos si no los anotamos o se los contamos a alguien. Los sueños siguen siendo un misterio. El mayor es que, a veces, contienen información imposible de explicar.

Aunque hay muchas hipótesis, la ciencia ni siquiera tiene aún una teoría completa y satisfactoria sobre cómo funcionan los sueños, cuál es su función, por qué soñamos... En ocasiones, los sueños son creativos, como en el caso de Goodyear y la vulcanización de caucho, los que tuvieron Stevenson y Mary Shelley al crear al doctor Jeckyll y el mister Hyde y Frankenstein, respectivamente, o de los Lennon y McCartney, que soñaron con *Imagine* y *Yesterday*. Y también hay sueños premonitorios. Se dice que sólo soñamos con lo que conocemos, aunque en el sueño quede retorcido y convertido en algo surrealista. Sin embargo, hay personas que han captado o recibido información «imposible» a través de los sueños. Sin remontarnos a los sueños proféticos, presentes por ejemplo y profusamente en la Biblia, hay muchos más catalogados.

Albert Einstein soñó durante una siesta en el campo con la fórmula básica que revolucionaría más tarde la ciencia, y con la que posteriormente desarrolló la Teoría de la Relatividad. Abraham Lincoln soñó que entraba en el cuarto oriental de la Casa Blanca y veía un cadáver amortajado y custodiado por varios soldados. Preguntó a un soldado quién había muerto y éste le respondió que el presidente había sido asesinado, hecho que ocurrió realmente el 14 de abril de 1865. J. P. Morgan, el multimillonario americano que adquirió la compañía de transatlánticos White Star Line, siempre viajaba en los viajes inaugurales de sus barcos. Eso iba a hacer en el flamante *Titanic*, pero soñó que el barco se hundía y él se ahogaba. No hizo el viaje, contraviniendo su costumbre, y salvó la vida. Elisabeth Taylor tuvo un sueño premonitorio que la advirtió contra un viaje en avión de su tercer marido, el productor de cine y teatro Mike Todd. Éste se cumplió en 1958. Todd murió en su avión privado, junto con el piloto, el copiloto y el guionista Art Cohn. Calpurnia, la esposa de Julio César, la noche anterior al asesinato de su marido soñó que lo alzaba en sus brazos, acuchillado y sangrante, así como con otros diversos signos de mal agüero relacionados con el complot de senadores, encabezado por Bruto, Casio y Casca, que acabó con su vida. Mark Twain, el popular escritor estadounidense, vio en sueño a su hermano Henry dentro de un ataúd metálico y, sobre su pecho, un ramo de flores blancas con una roja. Días después, el barco de vapor en el que navegaba Henry por el Misisipí se incendió y éste sufrió quemaduras que le provocaron la muerte. El ataúd y el ramo de rosas estaban dispuestos exactamente como él había soñado. Monseñor Joseph de Lany, obispo de los Balcanes en 1914, soñó que sobre la mesa de su estudio había una carta de ribete negro y el escudo de armas del archiduque Francisco Fernando (heredero del trono austrohúngaro). Cuando abrió la carta, vio al archiduque sentado en un automóvil junto a su esposa. De repente dos hombres se encaminaron hacia ellos y dispararon sobre ambos. El resto de la carta decía: «Querido monseñor Lany: mi esposa y yo hemos sido víctimas de un crimen político en Sarajevo. Nos encomendamos a sus oraciones. Sarajevo, 28 de junio de 1914, a las cuatro de la tarde.» Al día siguiente el obispo recibió la noticia del asesinato que desencadenó la I Guerra Mundial. El doctor Gudden, médico privado de Luis II de Baviera, tuvo un sueño recurrente antes de aceptar su cargo. Se veía a sí mismo sumergido en un lago, luchando por salvar su vida y la de un hombre al que no conseguía identificar. El 13 de junio de 1886 los cadáveres de Luis II y del doctor Gudden fueron rescatados del lago Stanberg.

83 / 100

EL ASESINATO DE KENNEDY

Dallas, Texas. Son las 12:30 del 22 de noviembre de 1963. John Fitzgerald Kennedy es abatido a tiros en su coche descubierto. Menos de una hora después de producirse el magnicidio, ya hay un detenido: el militante izquierdista Lee Harvey Oswald. Éste negó haber disparado contra el presidente y cuando, dos días después, era conducido a la cárcel por los bajos de la comisaría de Dallas, recibe un balazo en el estómago que le propina un hombre relacionado con la mafia, Jack Ruby. Años más tarde, Ruby moriría de un cáncer galopante —que, aseguraba, le había sido inoculado mediante células enfermas— sin haber contado nada de lo que decía saber.

Todo ocurrió muy «convenientemente». Demasiado. Según esta versión, a Kennedy lo mató un fanático al que, a su vez, mató otro chiflado. Caso cerrado. ¿Cerrado...?

Los primeros agentes del FBI que tomaron declaración a los testigos del magnicidio obligaron a algunos a cambiar su declaración en cuanto a ciertos detalles, como el número de disparos que oyeron o algunas misteriosas figuras presentes en el lugar de los hechos. ¿Por qué? Incluso ante testimonios incoherentes, la policía nunca debe actuar así. Al contrario, debe confrontar unos con otros para tratar de extraer la verdad. Pero eso no se hizo en las primeras investigaciones que derivaron, con el tiempo, en la «presurosa» Comisión Warren, encargada de esclarecer el asesinato de JFK. Al menos, sobre el papel.

Otro enigma más que da que pensar, aunque como casi todos los que rodean a este magnicidio no sea más que un dato «suelto», es que veintiún testigos o personajes relevantes en el caso murieron —algunos asesinados o en extrañas circunstancias— en menos de dos años.

En el recorrido del coche presidencial hacia su fatídico destino en la plaza Dealey, hubo más de diez personas con tomavistas o cámaras fotográficas que captaron una parte de los hechos de la visita de JFK aquel 22 de noviembre de 1963. Desgraciadamente, ninguna estaba orientada hacia el sexto piso del Depósito de Libros de Texas, desde donde supuestamente se efectuaron los disparos.

Aunque la mejor película del crimen fue tomada por Abraham Zapruder, no incluye lo que el asesino (o asesinos) no quería que se viese. Zapruder estaba colocado a la derecha del coche presidencial según su sentido de marcha, junto al famoso montículo de hierba, con una valla por detrás, que los teóricos de la conspiración señalan como el lugar en el que hubo un segundo tirador. Zapruder deja del filmar cuando el coche del presidente desaparece de su visión. Si hubiera seguido filmando un poco más y movido levemente la cámara a su derecha, hoy existiría un testimonio incontrovertible de ese hipotético segundo tirador. Aunque... quizá existe, pero se ha ocultado. Algunos testigos de los primeros pases de la película, en estamentos oficiales, han declarado posteriormente que la película contenía más fotogramas que los famosos 351 que recogen la secuencia conocida por todos del asesinato.

Otra película y una fotografía instantánea Polaroid sí muestran el montículo. La primera fue tomada por Orville Nix, desde el lado contrario que Zapruder, de modo que el montículo se ve al fondo. Por desgracia, Nix empleó una película de sensibilidad inadecuada para la iluminación del exterior y el montículo y la valla quedan ocultos entre empastadas sombras. Por su parte, la Polaroid de Mary Ann Moorman, que se hizo en el instante exacto del disparo que voló literalmente la cabeza a Kennedy, era de grano tan grueso que tampoco permite sacar conclusiones definitivas (aunque se sabe que falta una de las fotos que hizo, desaparecida o hecha desaparecer).

Un cúmulo de desaciertos, o algo más, que ha impedido hasta la fecha descubrir si hubo o no una conspiración para asesinar a JFK.

84 / 100

LOS PODERES OCULTOS DE LA MENTE

La idea de que la mente es capaz de actuar sobre el mundo físico es muy antigua. Éste era un tema importante en las culturas griega y egipcia, por ejemplo. Y el comienzo de la era científica no relegó el asunto a las cavernas de lo mítico o absurdo. Por el contrario, científicos y pensadores de la talla de Francis Bacon, Robert Hooke o el mismísimo Isaac Newton, mostraron un enorme interés en desvelar esa misteriosa relación, a la que dedicaron diversas investigaciones y experimentos.

El mundo científico de la segunda mitad del siglo XIX sí desdeñó algo más estas ideas, aunque hubo relevantes figuras que continuaron analizándola y dándole valor científico: J. J. Thompson, el matrimonio Curie, Lord Rayleigh... Curiosamente, fue una conmoción en el mundo de la física lo que volvió a dar protagonismo al tema. La física cuántica planteó enigmas que no era posible explicar mediante las teorías clásicas. Y algunos de esos enigmas estaban relacionados con una posible influencia de la mente sobre la materia. Muchos padres de la física contemporánea, como Einstein, Planck, Bohr, Pauli, Schroedinger, analizaron el problema siguiendo un método estrictamente científico. Y aunque no puede decirse que llegaran a un consenso al respecto, coincidieron en que eran necesarios nuevos estudios.

Hay un número considerable de registros históricos, y también infinidad de mitos, que hacen referencia a las capacidades que, en conjunto, reciben el nombre de *percepción extrasensorial* (ESP, por sus siglas en inglés). En tiempos muy lejanos se hablaba ya, por ejemplo, de clarividencia o precognición. No obstante, el término *percepción ex-*

trasensorial es relativamente moderno, de mediados de los años treinta del pasado siglo. Se le atribuye al biólogo J. B. Rhine, que también acuñó el término *parapsicología*, para referirse al estudio de los fenómenos que envuelven interacciones no explicables entre la mente y el mundo físico o espiritual. Dichas interacciones pueden ser de varios tipos:

– Clarividencia o percepción remota. Ver cosas que están más allá del campo visual.

– Clariaudiencia o clariaudición. Escuchar sonidos que están fuera del alcance auditivo (esta capacidad suele estar asociada a escuchar mensajes o voces de personas fallecidas).

– Precognición. Ver acontecimientos o situaciones futuras.

– Telepatía. Posibilidad de comunicarse mentalmente con otros sujetos.

– Telequinesis o psicoquinesis. Capacidad de mover o alterar objetos a distancia, sin que exista ningún contacto físico entre éstos y la persona en cuestión.

85 / 100

ESPÍAS PSÍQUICOS

A comienzos de 1972 se dieron los primeros pasos de la relación entre la CIA, el Departamento de Defensa de Estados Unidos, el Instituto de Investigación de la Universidad de Stanford y el uso práctico y secreto de la percepción remota extrasensorial. La figura científica más visible de esa extraña combinación fue el físico Harold E. Puthoff. Por esa época, él estaba desarrollando nuevas tecnologías de láser en Stanford, y tratando de reunir fondos para realizar un estudio desde el punto de vista cuántico de procesos biológicos. Este segundo proyecto llegó a oídos de un artista neoyorquino llamado Ingo Swann, que sugirió a Puthoff orientar su estudio hacia el campo de la parapsicología. Intrigado por una serie de supuestas experiencias inverosímiles relacionadas con la telequinesia y protagonizadas por el mismo Swann, Puthoff decidió invitar al artista a visitar las instalaciones de Stanford, en junio de 1972.

Como parte del tour, Puthoff llevó a Swann a un laboratorio de la facultad de física. Por debajo de él, dentro de un cofre subterráneo y blindado, había un magnetómetro que la facultad usaba en investigaciones de física de partículas. Para absoluta sorpresa de Puthoff, Swann pareció interferir de algún modo con el magnetómetro. Y lo más impactante es que fue capaz de dibujar un esquema tosco pero bastante preciso de su estructura. Algo inaudito, puesto que Swann jamás lo había visto y que su diseño era tan secreto que ni siquiera hoy en día es algo de conocimiento público. Puthoff quedó tan asombrado por el inexplicable hecho que decidió redactar un pequeño informe sobre él y comentar el caso con varios de sus colegas científicos. Unas semanas más tarde se presentaron en su laboratorio dos agentes de la CIA, pidiendo explicaciones.

No era la primera vez que Puthoff había tenido contacto con una agencia de inteligencia, ya que trabajó previamente como oficial del Servicio de Inteligencia Naval y como miembro de la Agencia de Seguridad Nacional (NSA) de Estados Unidos. Esto, unido al encuentro casual entre Puthoff y Swann, y a ciertos estudios preocupantes que, al parecer, estaban realizando los soviéticos en el campo de la parapsicología, convencieron a la CIA y al Departamento de Defensa a iniciar su propia investigación secreta, con Puthoff y otro físico, Russell Targ, a la cabeza. El proyecto inicial, de ocho meses, se prolongaría con distintos nombres, métodos y objetivos, pero con la misma esencia, durante veintitrés años hasta 1995, cuando fue cancelado (entones su nombre en clave era STAR GATE). Eso, al menos oficialmente, porque, a lo largo de estos años, y según ha reconocido el propio Puthoff, su grupo de psíquicos demostró, en algunos casos, tener la capacidad de percepción remota más allá de cualquier duda, con algunos resultados más que sorprendentes.

86 / 100

TOLEDO Y LA MESA DE SALOMÓN

Toledo, la Ciudad de las Tres Culturas, es una de las localidades más misteriosas de España —por no decir la más misteriosa—, y la única ciudad no oriental mencionada con su nombre verdadero en los cuentos de *Las mil y una noches*. Según la leyenda, el emperador Tito, durante el saqueo de Jerusalén en el año 70 d. C., se llevó a Roma el tesoro del templo de Salomón. Allí estaban diversas reliquias, como el Arca de la Alianza y la Mesa o Espejo de Salomón. Esta última es un artefacto de esmeralda creado por el antiguo rey hebreo, en el que estaría contenido todo el conocimiento del Universo y el verdadero nombre de Dios. La misma leyenda dice que quien posea la Mesa de Salomón obtendrá la sabiduría absoluta, pero que su descubrimiento anunciará el inminente fin del mundo.

Más tarde, los visigodos conquistaron Roma y se llevaron el tesoro a su capital en Carcassonne, actual Francia. Pero fueron expulsados por los francos merovingios hacia el sur, hasta establecer su nueva capital en Toledo. Algunos investigadores relacionan las míticas Cuevas de Hércules toledanas con el fabuloso tesoro perdido de los visigodos (el «Tesoro Antiguo»), que supuestamente ocultaron en el subsuelo de la ciudad y aún no ha sido descubierto.

Y ello a pesar de que la invasión de la Península por los musulmanes en 711 pudo tener como una de sus finalidades encontrar la Mesa de Salomón. Mientras Muza luchaba en el sur, Tarik iba hasta Toledo en busca de la reliquia. *Las mil y una noches* refieren en uno de sus relatos cómo Tarik halló la cueva, donde había un tesoro imposible de describir, entre cuyas piezas de oro y plata estaba la Mesa. Si alguna vez existió, nadie sabe si sigue en Toledo o fue llevada a algún otro lugar.

Otra leyenda dice que la Mesa no fue llevada a Roma por Tito, sino que continuó en Jerusalén hasta que la encontraron allí los caballeros templarios. Éstos serían quienes la ocultaron en Toledo, donde aún estaría en algún lugar desconocido y subterráneo de las Cuevas de Hércules, junto con un gigantesco tesoro por el que han matado nobles, reyes y papas.

87 / 100

PAGANINI Y EL PACTO CON EL DIABLO

El más famoso violinista de la historia fue el italiano Niccolò Paganini. Su figura oscura y siniestra, su rostro enjuto, pálido, de nariz afilada y ojos profundos, sus enormes manos sarmentosas, unido todo ello a un virtuosismo desconocido hasta entonces, hicieron que en su vida lo rodearan leyendas diabólicas. Decían que era hijo de una bruja auténtica y que había hecho un pacto con el Diablo. Su propio apellido significa «pequeño pagano», y en sus postreros momentos se negó a que lo enterraran en suelo sagrado, bajo el signo de la cruz.

Si Paganini es el rey de los violinistas, y el violín está considerado el rey de los instrumentos, su violín favorito, Il Cannone, es sin duda el rey de los violines. Una historia no confirmada nos dice que Paganini murió con él entre sus brazos, aferrándolo en su último lecho como si se tratara de una mujer amada. Hoy el Cañón —que es lo que significa *Cannone* en italiano— se exhibe en el Palazzo Tursi, sede del ayuntamiento de Génova, ciudad natal de su dueño. Resulta sorprendente para muchos que no se trate de un Stradivarius, a pesar de que Paganini poseyó hasta siete de ellos, sino de un violín construido por su principal competidor: Bartolomeo Giuseppe Guarneri, llamado del Gesù (de Jesús), vecino de Stradivari en Cremona.

La leyenda del Cannone incluye el asesinato de una joven y bella mujer. Se decía que Paganini la había matado —después de haberla hecho su amante— para encerrar su hermosísima voz dentro del Cannone. Otra historia sin confirmar cuenta que Paganini tuvo que empeñarlo en cierta ocasión, pero que lo recuperó cuando el dueño de la casa de empeños escuchó cómo lo tocaba, movido a devolvérselo, quizá, por influjo diabólico.

Esas leyendas rodearon la figura de Paganini y contribuyeron a crear el mito. Y no faltó quien llegó a asegurar que había visto, con sus propios ojos, al mismísimo Príncipe de las Tinieblas detrás de Paganini durante una representación, en la sombra, moviendo el arco del violín y guiando su mano sobre las cuerdas.

El bisnieto de Paganini, que se llama John David Paganini y nació en la ciudad de Nueva York, cita en su página web estas leyendas acerca del pacto con el Diablo de su bisabuelo: «Su interpretación de los pasajes más delicados era tan hermosa que sus audiencias rompían a llorar y, al mismo tiempo, era capaz de tocar con tanta fuerza y velocidad que un espectador de Viena, medio enloquecido, declaró que algunos días había visto cómo el Demonio ayudaba al violinista.»

88 / 100

¿CUÁNDO OCURRIRÁ EL FIN DEL MUNDO?

En la tradición judeocristiana, el concepto del fin del mundo más dramático nos llega a través del Apocalipsis, la revelación de san Juan, anunciado por la batalla de Armagedón. Cuando este libro que cierra la Biblia fue escrito, quizá hacia el año 100 de nuestra era, se tomaba como algo inminente, que se esperaba en esa generación. Pero, como no fue así, empezaron a buscarse fechas para ubicarlo temporalmente. Fechas «deducidas» de las Escrituras o adquiridas mediante revelaciones, que pretendían desentrañar las intenciones de Dios para con los seres humanos y la Creación.

El milenarismo fue un movimiento tan temido en las cercanías del primer cambio de milenio que muchos lo abandonaron todo en espera del fin del mundo. La Navidad del año 999 fue la más pacífica y de buena voluntad de la Historia... Como nada sucedió, la cuestión se fue olvidando, aunque renacería un milenio después, en 1999, mezclándose con conceptos como el Efecto 2000, la Era de Acuario y otras diversas ideas de la época.

Otras fechas propuestas que no se cumplieron han sido el año 1033 (los mil años de la crucifixión de Jesús), el año 1186 (calculado por un astrónomo español), el año 1284 (resulta de sumar el número de la Bestia, 666, con el año de fundación del Islam), el año 1524 (predicho por un matemático y astrónomo alemán), los años 1881, 1914, 1925, 1966, 1975, 1984 y 1994 (predichos por los testigos de Jehová), antes del año 1891 (predicho por los mormones), el año 1910 (regreso del cometa Halley), el año 1970 (anunciado por la Iglesia de la Luz Verdadera), el año 1991 (con motivo de la Guerra del Golfo), el 17 de diciembre de 1996 (por el contactado californiano Sheldan Nidle), el año 1999 (diversas profecías, como las de Nostradamus), el año 2000 (por el papa Juan XXIII), el año 2003 (una secta japonesa), el año 2004 (un cálculo cabalístico), el año 2011 (por el predicador estadounidense Harold Camping)...

El año 2012 merece mención aparte. Fue el año favorito de la mayoría para la llegada del fin del mundo, sobre todo a través del hoy famosísimo calendario maya, aunque este calendario sólo marcaba el final de una era, de un ciclo —concretamente del decimotercero de la «cuenta larga»—, que indica una renovación o catarsis de la humanidad. Otro pronóstico distinto para 2012 vino de la mano del autor del celebérrimo Código Secreto de la Biblia, Michael Drosnin. Éste dijo haber encontrado evidencias de que el mundo se acabaría por la colisión contra la Tierra de lo que se conoce como un «destructor total»: un gran cometa capaz de borrar la vida de nuestro planeta. Y para finalizar con las profecías de 2012, debemos citar la pronosticada colisión del planeta gigante Hercólubus —o Hercóbulus— contra la Tierra, tras su fallida llegada prevista para el 11 de agosto de 1999 (revelado por una supuesta entidad extraterrestre al médium brasileño Hercilio Maes a mediados del siglo pasado).

Entre las fechas futuras, encontramos el año 2018 (por el predicador norteamericano Jack van Impe), el año año 2060 (deducida por Isaac Newton mediante cálculos cabalísticos), el año 2076 (que coincide con el año 1500 del calendario islámico, pronosticado por san Beda el Venerable) y los años 3786 o 3797 (en las profecías de Nostradamus).

89 / 100

GEMATRÍA: LA NUMEROLOGÍA HEBREA

Un antiguo sabio judeoespañol del siglo XIII, llamado Abraham Abulafia, estableció un sistema combinatorio con las veintidós letras del alefato, o alfabeto hebreo. Para Abulafia, cada letra era una entidad simbólica en sí misma, vehículos con los que alcanzar la sabiduría. Las letras representan la realidad de los principios del Orden Universal, y mediante su estudio y meditación pueden conducir al supremo conocimiento.

Lo anterior pertenece a lo que se denomina Cábala. En concreto, la gematría emplea el valor numérico de las letras hebreas para obtener un nuevo valor que resulta de sumar el de cada letra de una palabra o nombre, lo que permite compararlo con el valor de otras palabras o nombres. Parece difícil pero, al contrario, se trata de algo muy simple. Si sumamos el valor de cada una de las letras de una cierta palabra nos saldrá un número. Este número puede ser el mismo en muchas palabras distintas, con tal de que la suma sea idéntica. Entonces, la gematría dice que, en cierto sentido, esas palabras son lo mismo. En su sentido más profundo tienen un vínculo que las hace ser iguales.

Para poder buscar el valor de una palabra o nombre en caracteres latinos hay que transformarlos primero a caracteres hebreos. Esto se llama «transliteración». Podemos emplear la tabla de equivalencias de la página siguiente.

Lo primero es calcular el valor numérico de la palabra que buscamos, por medio de la tabla de equivalencias. Después, obtenido ese valor, basta con calcular el valor de otras palabras y calcularlo. Cuando encontramos un valor igual al inicial, esas dos palabras

Letra	*Valor*	*Letra*	*Valor*
A	1	M	40
B	2	N	50
C fuerte	20	Ñ	60
C débil	90	O	6
CH	95	P	80
D	4	Q	100
E	1	R	200
F	80	S	60
G fuerte	8	T	9
G débil	3	U	6
H	5	V	6
I	10	W	6
J	8	X	80
K	20	Y	10
L	30	Z	7
LL	60		

están relacionadas cabalísticamente. También es posible buscar en alguna de las numerosas tablas de equivalencia disponibles en Internet (por ejemplo: *www.billheidrick.com/works/hgemat.htm*) las palabras más relevantes para la mística hebrea y su valor numérico. Así, por ejemplo:

JOSÉ MARÍA ÍÑIGO
8 + 6 + 60 + 1 + 40 + 1 + 200 + 10 + 1 + 10 + 60 + 10 + 3 + 6 = 416
Simboliza al cazador, la posesión y el orgullo.

DAVID ZURDO
4 + 1 + 6 + 10 + 4 + 7 + 6 + 200 + 4 + 6 = 248
Simboliza al patriarca Abraham y la Luz de Dios.

90 / 100

LAS 10 ENFERMEDADES MÁS RARAS

Existen enfermedades que a todos nos atemorizan por su gravedad o por sus efectos terribles. Sin embargo, hay otras, menos conocidas por su escasa incidencia, pero que resultan espeluznantes. Lo único bueno en ellas es, precisamente, que sean tan poco habituales. He aquí las 10 más raras entre las raras:

1. Hipertricosis. Más conocida como Síndrome del Hombre Lobo. Con este nombre tan descriptivo, queda patente que se trata de una enfermedad que provoca el crecimiento anormal del pelo, que cubre así prácticamente todas las áreas del cuerpo. En la antigüedad, las personas con hipertricosis fueron asimiladas a esos seres míticos y aterradores que se transformaban en lobos durante las noches de luna llena.

2. Progeria. Esta enfermedad, casi desconocida, se hizo muy famosa hace algunas décadas. Consiste en el envejecimiento prematuro y rápido, que afecta desde el nacimiento. No implica ninguna falta de desarrollo mental, aunque causa la muerte por complicaciones debidas a la senectud en niños o adolescentes muy jóvenes.

3. Síndrome de Marfan. Se dice que esta dolencia la padecía el gran violinista de siglo XIX Niccolò Paganini. En general, se caracteriza por el crecimiento anormal del cuerpo y de sus partes, con un característico aspecto desgarbado, curvatura y alargamiento de las extremidades, desviación de la columna vertebral. Pueden desarrollarse también problemas en la visión y en el sistema circulatorio y cardíaco.

4. CIP (insensibilidad congénita al dolor). Es una dolencia de origen genético que afecta al sistema nervioso e impide al enfermo experimentar dolor, sensación térmica y presión. Cuando un niño no es capaz de reconocer estos avisos, que están presentes en el organismo

con la finalidad de protegerlo de las agresiones externas, puede llegar a lesionarse sin darse cuenta.

5. Síndrome de Tourette. Esta enfermedad ha aparecido en más de una película o serie de televisión, por sus efectos extremadamente desconcertantes. El enfermo sufre toda clase de tics nerviosos, que pueden llegar a emitir repentinas carcajadas, movimientos incongruentes, gritos, etc., siempre fuera de su control. En algunos casos —no en todos—, incluye la falta de control de los pensamientos, de modo que el enfermo pronuncia tacos e insultos como si se tratara de frases normales.

6. Hermafroditismo auténtico. En el útero se fusionan dos cigotos distintos, de sexo opuesto, que normalmente deberían haber desarrollado mellizos. El resultado es una persona que, en el sentido más real de la expresión, es hombre y mujer a la vez. Los genitales no están bien diferenciados, ya que está presente tejido de ambos sexos.

7. Síndrome de Proteus o elefantiasis. Más conocido de un modo popular como Síndrome del Hombre Elefante. Se ignora el motivo de que unas células del organismo se desarrollen más de lo normal y otras por debajo de lo esperable, lo que causa malformaciones terribles que afectan a todo el cuerpo, provoca gigantismo parcial, atrofias, manchas cutáneas, etc. Durante años, los enfermos de este síndrome eran exhibidos como «monstruos» de feria.

8. Gemelo parásito. Caso particular y extremo de los hermanos siameses, que ocurre cuando uno de los gemelos crece por completo dentro del otro. Se ignoran las causas. A medida que el niño portador crece, el «parásito» también lo hace, con grados de desarrollo muy dispares.

9. Síndrome del Hombre-Árbol. Sólo se conoce un caso en todo el mundo. Lo padece un varón indonesio y no parece de índole puramente hereditaria, ya que todo comenzó para él después de un accidente en las rodillas. El defecto genético que causa sobre la piel la formación de una corteza que parece de árbol podría haberse desencadenado a raíz del accidente.

10. Porfiria. Algunos han querido usar esta enfermedad como base para explicar el vampirismo, ya que la luz solar produce fotosensibilidad y quemaduras en la piel. La porfiria está causada por un defecto de la hemoglobina que da al sujeto un aspecto bastante terrorífico, que se suma con sus costumbres nocturnas para huir del sol.

91 / 100

DISEÑOS MISTERIOSOS

¿Mero fraude? ¿Diseños para ser vistos desde el cielo? ¿Señales de hipotéticos seres extraterrestres? Los círculos de las cosechas siguen siendo un misterio. Y ello a pesar de que, hace años, dos jubilados ingleses, Doug Bower y Dave Chorley, reconocieron públicamente haber sido los «creadores» de los círculos de las cosechas en los años setenta. Aunque ellos realizaron un gran número de círculos en la última parte del siglo pasado, en absoluto fueron los únicos. Por ejemplo, no pudieron crear los círculos que ya habían surgido antes de que ellos comenzaran su actividad.

Los círculos aparecen en lugares diferentes, prácticamente en cualquier lugar del mundo, y su complejidad es a veces espectacular, con diseños que algunos consideran portadores de alguna clase de mensaje oculto y avanzado, que demuestra profundos conocimientos físicos o matemáticos. Por su precisión, algunos investigadores han apuntado al uso, para confeccionarlos, de emisores de microondas, punteros láser, baterías portátiles, etc.

La teoría extraterrestre considera que estos círculos son una especie de marcas de aterrizaje para naves alienígenas. En esto podrían relacionarse con las archiconocidas «líneas de Nazca», inmensos geoglifos en el desierto del mismo nombre (Perú), que siguen siendo un misterio para los arqueólogos y antropólogos de todo el mundo.

Sea como fuere, desde hace casi 20 años, un grupo de artistas británicos liderado por Rod Dickinson —experto en recreaciones históricas— y John Lundberg —artista y cineasta especializado en fraudes— ha realizado círculos de las cosechas como expresión artística y con fines comerciales.

Discovery Channel también retó en 2002 a varios estudiantes de ingeniería aeronáutica y astronáutica del prestigioso MIT (Massachusetts Institute of Technology, Instituto Tecnológico de Massachusetts, en Boston, Estados Unidos) a reproducir sus propios círculos y hacerlos indistinguibles de los reales.

92 / 100

EL ARTE DE ESCONDER SECRETOS

La criptografía («escritura oculta» en griego) da nombre al arte y la ciencia de esconder secretos. Es un arte porque hasta más allá del Renacimiento se usaban métodos ingeniosos, más que científicos, ideados por hombres sagaces. Pero posteriormente también es ciencia, puesto que a partir de siglo XIX su estudio matemático se sistematizó.

Hasta el Renacimiento, las distintas civilizaciones humanas emplearon métodos criptográficos diversos: escrituras incomprensibles, como la de los sacerdotes egipcios o los magos persas; alteraciones del alfabeto, como el sistema *atbash* bíblico que emplearon los antiguos judíos; sustitución de letras, como el método de Julio César o el de Augusto; tintas simpáticas, es decir, invisibles al ojo sin efectuar ciertos procesos que las revelaran, etc.

El siglo XV marcó el inicio del esplendor de la criptografía. Antes, en los últimos decenios de la Edad Media, las intrigas entre el Papado y las ciudades-estado de Italia provocaron el resurgimiento de un arte que había tenido poco desarrollo desde la Antigüedad. Ya en pleno Renacimiento, la Santa Sede y las grandes potencias europeas crearon gabinetes que podríamos llamar de criptografía y criptoanálisis. Los mismos hombres que cifraban los mensajes de su bando trataban de descifrar los del rival o enemigo. Eran las dos caras de la misma moneda.

En España se empezó a usar el cifrado de documentos de un modo sistemático durante el reinado de los Reyes Católicos, aunque ya antes lo había empleado la corona de Aragón en su correspondencia diplomática. Francia vivió el auge de la criptografía con el rey Francisco I, que se convertiría en mecenas de Leonardo da Vinci en sus últimos años de vida, y algunos de cuyos sistemas de cifra no serían desvelados hasta el siglo XIX. También la república de Venecia tuvo grandes expertos en criptografía y criptoanálisis, quizá los mejores de la época.

El arte de esconder secretos ha sido muy empleado también en la pintura y las obras literarias. A ello se le suele llamar *esteganografía*. En muchos cuadros encontramos, si sabemos buscar, significados ocultos. Del mismo modo, infinidad de obras literarias guardan secretos entre sus líneas. Los autores italianos del Renacimiento hablaban de dos niveles de compresión de sus escritos, uno para el común de los mortales y otro, más profundo, reservado sólo a unos pocos sabios o iniciados. Se dice que Cervantes —probablemente de origen judío— aprendió de ellos a esconder esos dobles sentidos en sus novelas y dramas, como *El Quijote*.

Estos artistas escapaban así del castigo en aquellos tiempos de Inquisición. Es el caso de Leonardo da Vinci en pinturas tan célebres como *La última cena* o sus *Vírgenes de las rocas*, cargadas de mensajes heréticos; y también de escritores como Francesco Colonna —quizá pseudónimo de Leon Battista Alberti—, autor de *El sueño de Polífilo*, obra que se supone encierra un oculto significado alquímico.

El caso de Leonardo da Vinci quizá no es puramente criptográfico, aunque lo cierto es que escribía al revés. Lo hacía como el zurdo que era siguiendo, de un modo invertido, el modo en que escriben los diestros. Con un espejo es fácil cambiar la escritura del revés y ponerla al derecho. Seguramente Leonardo no empleó esta técnica para esconder sus ideas, sino por simple comodidad.

Lo que sí es bastante curioso es que Leonardo —al igual que más tarde el astrólogo inglés John Dee— trató de descifrar uno de los textos más misteriosos de la historia, el manuscrito Voynich. Pero sin éxito.

También hay quienes relacionan al genio florentino con las maquinaciones secretas y las intrigas de los Borgia, para quienes trabajó a principios del siglo XVI, y para los que probablemente realizó trabajos de criptografía.

93 / 100

LOS ENIGMAS DE EL ESCORIAL

Felipe II fue el rey más poderoso de su tiempo. Sin embargo, vivía con austeridad, ya que creía que, cuanto más austera era la vida exterior, más rica la interior; cuanto menos se pensara el cuerpo, más grande sería el espíritu. Ello inspiró a Felipe II la construcción del monasterio de El Escorial, la llamada Octava Maravilla del Mundo. Pero también los aires renacentistas y los conocimientos herméticos y esotéricos. El poderoso rey era hombre culto e interesado en las ciencias y las artes; sabía música, tocaba la vihuela, leía libros prohibidos —magia, alquimia, etc.— y los relatos bíblicos de las visiones de Ezequiel, adquiría enigmáticos cuadros de El Bosco...

Para construir el inmenso monasterio granítico que «diera testimonio eterno de su memoria y loa y gloria al Creador», Felipe II tomó a su servicio al arquitecto Juan Bautista de Toledo. Entre ambos trazaron el plano básico con la mente puesta en el mítico «Templo de Salomón», cuyas trazas el rey David recibió de Dios y transmitió a su hijo Salomón, encargado de erigirlo. Sin embargo, Felipe II no quería copiar ese templo, sino inspirarse en él haciendo, en realidad, una obra original y propia que maravillara a la Cristiandad en aquellos tiempos de luchas religiosas.

Se cree que, al igual que el Templo de Salomón estaba, en Jerusalén, sobre la roca del monte Moria, Felipe II quiso erigir su monasterio-fortaleza en lo más alto del monte Abantos. Pero no lo hizo así, quizá por no tentar a Dios. El lugar elegido fue a la postre otro. El rey mandó crear un grupo de arquitectos, médicos y filósofos que juntos se encargaran de buscar la ubicación más propicia para lo que él había proyectado, contando con la fe cristiana y también con la doctrina de Vitrubio.

RAINBOW VICTOR

Además de en el altar mayor, como era costumbre, Felipe II mandó guardar reliquias de santos en otro lugar del monasterio. En el cimborrio del templo, hacia la parte central de la aguja y próximo a ella, hizo que se dejara un hueco para guardar allí algunas de sus preciadas reliquias. Luego se tapó ese hueco con una plancha metálica dorada al fuego, el famoso «Ladrillo de Oro» de El Escorial. Corresponde ya este cimborrio al arquitecto Juan de Herrera, sustituto de Juan Bautista de Toledo a su muerte.

Mención aparte merece la biblioteca que fundó Felipe II. Su intención era convertirla en la mejor y más rica del mundo y de su tiempo, la más «sabia», la que atesorase las obras más importantes. El rey quiso que esa colección de libros fuera su contribución máxima y su legado al futuro: un cenáculo del saber dentro de su gran monasterio-fortaleza. Y para organizar esta biblioteca deslumbrante se llamó a un teólogo que se había destacado en el Concilio de Trento, humanista que ayudó en el diálogo entre adversarios en los territorios españoles de Flandes, y a quien Felipe II ya había encargado dirigir una edición en varios idiomas de la Biblia: Benito Arias Montano. Un hombre al que la Inquisición investigó por luchar contra el fanatismo y que, sin embargo, y a despecho de ello, el rey quiso tener a su lado.

94 / 100

LOS MÉDICOS DEL ANTIGUO EGIPTO

El ser humano siempre ha sido víctima de enfermedades que le han provocado sufrimiento o incluso la muerte. Desde antiguo, nuestros antepasados han tratado de vencer esas dolencias, ya fuera mediante la magia o la medicina, cuyo origen era incierto y desconocido. Los primeros grandes pasos se dieron en Egipto, donde los sunu adquirieron fama que excedió sus fronteras.

Hablamos de un tiempo en el que la ciencia médica daba sus primeros pasos. Apenas se sabía nada y los médicos —los sunu, formados en las *per anhk*, «casas de la vida»— tenían que ensayar con sus pacientes casi todo. Las creencias desempeñaban un papel importante, no siempre a favor del enfermo, ya que se unían como un todo la medicina práctica y la medicina mágica. Ésta incluía peticiones a los dioses e incluso amenazas para que sanaran al enfermo, a menudo por alguna relación establecida entre la dolencia y la propia deidad.

Pero los hombres que se dedicaron a esta labor en aquellos tiempos demostraron un afán «científico» loable, que les hizo merecedores del aprecio de muchos pueblos extranjeros. Y, de hecho, aunque los egipcios mezclaron, como decimos, la magia con la medicina, dieron también los primeros pasos hacia la verdadera comprensión de la enfermedad y sus causas. Un legado más de ese gran pueblo que siempre nos fascina.

En su observación del enfermo y de la enfermedad, los sunu llegaron a comprender la importancia de la limpieza y la higiene —practicaban, por ejemplo, la circuncisión por esa causa— o que los insectos y el agua sucia estaban relacionados con algunas dolencias, aunque para ellos la enfermedad no se gestaba en el cuerpo sino que venía de fuera y se instalaba en él. También fueron ellos quienes iniciaron la práctica diagnóstica, con el estudio —dentro de sus medios y conocimientos— de las secreciones físicas del organismo, el análisis del ritmo cardíaco y la compresión de que el cuerpo posee canales internos. Hubo incluso «especialistas» que únicamente se ocupaban de una parte del cuerpo, a modo de modernos dentistas, dermatólogos, gastroenterólogos, oftalmólogos, y otros médicos, que no eran sunu propiamente dichos, que se encargaban de picaduras de serpientes y escorpiones.

En muchas cuestiones, sus ideas eran totalmente erróneas, fruto por lo general de la creencia, como afirmar que la razón no está en el cerebro sino en el corazón, pero ello no resta un ápice de la admiración que nos inspiran sus grandes avances y el haber sido los primeros médicos que merezcan recibir ese nombre.

95 / 100

NAVES ESPACIALES DEL FUTURO

Los cohetes surgieron en China en el siglo III. Mucho tiempo después, el primero en proponer un cohete como sistema eficaz de explorar el espacio fue el físico ruso Konstantin Tsiolkovski, a principios del siglo XX. Aunque no fue hasta el 16 de marzo de 1926 cuando el norteamericano Robert Goddard lanzó el primero con éxito.

Desde entonces, la ciencia y la técnica han avanzado mucho: se ha conquistado la Luna, se han puesto en órbita un sinfín de satélites y se han enviado sondas hacia todos los puntos del Sistema Solar, e incluso fuera de éste (las Voyager). Pero ¿podremos algún día viajar a las estrellas? Para lograrlo deberíamos construir naves capaces de alcanzar, al menos, el 50% de la velocidad de la luz (unos 150.000 km/s). Y para ello hay varios proyectos.

El primero consiste en aniquilar partículas de materia con sus opuestas de antimateria. El problema de esta propuesta radica en la dificultad de obtenerla y la complejidad de manejar la antimateria, lo que, por el momento, la hace inviable. Otra posibilidad es utilizar una «vela láser», una gigantesca, pero ligera y delgada, estructura nanotecnológica cuyo impulso sería efectuado por potentísimos láseres en órbita solar. La nave no llevaría ninguna clase de combustible, ya que sería la presión del haz de luz en el vacío la responsable de impulsarla.

Más allá de estos modelos, también se han ideado ingenios que, en teoría, podrían viajar al 90% de la velocidad de la luz (hasta unos 270.000 km/s). Para conseguirlo se ha propuesto un sistema tan ingenioso como controvertido: construir una nave con un sistema magnético diseñado para capturar átomos de hidrógeno libres en el espacio.

Estos átomos se fusionarían posteriormente y la emisión de energía se aprovecharía como impulsión.

En el afán de superar la velocidad de la luz, la propuesta más interesante viene de la física cuántica. Si alguno de los procesos cuánticos puede servirnos algún día para impulsar una nave espacial, es probable que se base en el llamado *efecto Casimir*, que provoca una atracción entre cuerpos debida al vacío cuántico. Su descubrimiento teórico se debe a dos científicos holandeses, que la enunciaron hace más de sesenta años, aunque no quedó demostrada con precisión hasta 1997. Suponiendo que dicha fuerza pueda ser aprovechada y canalizada, estaríamos a un paso de velocidades virtualmente inimaginables. Y del viaje a las estrellas.

96 / 100

LA CICLOLOGÍA DE HÖRBIGER

El régimen de Hitler consideró que existía una ciencia decadente —al igual que libros, música o arte— y otra que no lo era. En el grupo de la ciencia favorita de los nazis hallamos a un hombre peculiar: Hanns Hörbiger, un ingeniero austriaco que se hizo millonario gracias a sus patentes, y que un buen día «decidió» comprender la esencia del Cosmos a través de una lucha eterna y cíclica entre el fuego y el hielo. Murió en 1931, antes de que Hitler llegara al poder, con lo que se perdió el máximo esplendor de sus ideas.

La revelación no es, digamos, un método científico ortodoxo. Una cosa es intuir algo y después tratar de confirmarlo, y otra muy distinta despertarse una mañana con la idea de la creación de Universo en la cabeza y tomarla como una realidad científica. Eso es justamente lo que le ocurrió a Hörbiger. Él mismo se refería a muchas de sus ideas, sin ningún pudor, con el apelativo de revelaciones. Su tesis fundamental se conoce como *cosmogonía glacial*. Según ella, todo en el Universo se ha creado por el conflicto interminable entre el hielo y el fuego. Una oposición de contrarios que se produce de un modo cíclico, con reminiscencias tanto orientalistas como de la mitología germánica. Hörbiger unificó toda una serie de metáforas y conceptos, los mezcló como en una coctelera y extrajo su teoría.

Una de las revelaciones de Hörbiger fue el origen del Sistema Solar. En un principio, la región del espacio donde hoy se halla el Sol estaba ocupada por otra estrella, gigantesca y solitaria. De pronto, entró en colisión con ella un planeta de hielo, mucho mayor que Júpiter, que se introdujo en su interior como una bomba de relojería. Milenios más tarde, una superexplosión lo descompuso todo en fragmentos, que fueron arrojados en todas direcciones. Lo que quedó de la megaestrella es nuestro Sol actual. Los planetas, lunas y asteroides, el resto de fragmentos expulsados. Nuestra galaxia, para Hörbiger, no es tal. Se trata de un anillo de hielo en el que hay un puñado de estrellas. Lo que vemos en el cielo nocturno es el esplendor de su luz reflejado y proyectado en ese hielo cósmico. Hörbiger llegó a rechazar públicamente las imágenes tomadas por los más potentes telescopios, que contradecían su teoría, como simples engaños de los científicos tradicionales.

La idea de ciclos que se repiten por toda la eternidad no es una novedad en Hörbiger. Está presente en diversas culturas, pensadores y filósofos. Pero Hörbiger los adaptó al movimiento nacionalsocialista y a su líder supremo, Adolf Hitler. En lo que respecta a la vida humana en general, la ciclología consiste en afirmar que los principales acontecimientos suceden en ciclos similares, de condiciones equiparables. Los personajes son distintos en cada ciclo, pero mantienen un vínculo y un destino comunes. Hörbiger divulgó esta teoría en Alemania en un número especial de la revista *Ostara*, una publicación racista y ocultista, muy apreciada por los nazis durante su lucha por el poder. Aunque no explicó en ella el porqué de esa cifra exacta de siete siglos, pues consideraba que justificar los descubrimientos era un vicio de la ciencia tradicional.

Algunos momentos importantes de la historia se relacionaban con el nazismo. Por ejemplo, la caída de los cátaros de Montségur, en 1244, correspondería con 1944, setecientos años después, supuesto máximo esplendor del movimiento nazi. En realidad, ese año marcó el principio del fin del Reich. En cuanto a Hitler, su correspondencia se establecía con Antíoco III el Grande, rey seléucida de Siria entre finales del siglo III y principios del II antes de nuestra era. Antíoco nació en el año 240-241 a. C., mientras que Hitler lo hizo en 1889. Esto separa a ambos personajes unos 2.100 años, es decir, tres ciclos hörbigerianos.

97 / 100

EL GRAN ENGAÑO DE CONAN DOYLE

Si hay un caso verdaderamente curioso, y hasta divertido, en la búsqueda del llamado «eslabón perdido» entre el hombre y el mono, es el que tuvo en jaque a la ciencia británica por espacio de demasiados años, y que al parecer no fue más que una broma de Arthur Conan Doyle, el creador del famoso detective Sherlock Holmes. Este fraude es conocido como el «Hombre de Piltdown», y se inició en 1912, cuando un conservador del departamento de geología del British Museum, llamado Arthur Woodward, y el abogado Charles Dawson, apasionado de la arqueología y la geología, anunciaron haber encontrado el ansiado «eslabón perdido».

Se trataba de los restos fósiles de un ser humano, desenterrados cerca de la localidad de Piltdown, en Sussex, en una cantera de grava. Las piezas principales estaban constituidas por un cráneo, un trozo de mandíbula y algunas muelas, además de otros restos no humanos, como dientes de hipopótamo y cuernos de mamíferos extintos. Se hallaron también algunas toscas herramientas primitivas. Al analizarse los restos humanos, datándose a partir de los demás elementos de la excavación, se concluyó que el cráneo y la mandíbula eran de la misma criatura, lo que hizo a los científicos llegar a la conclusión de que se trataba de un ser casi humano, pero con esqueleto simiesco. Es decir: «el eslabón perdido».

El engaño llegó a convertirse en el más cacareado hallazgo fósil realizado en Gran Bretaña, motivo de orgullo para los altivos hombres de ciencia ingleses, e incluso el lugar donde se efectuó se convertiría en centro de peregrinaje al ser declarado monumento nacional en 1950. Es sorprende pensar cuántos años duró la falacia, hasta que en 1953 se descubrió y el «Hombre de Piltdown» se desmoronó. Conan Doyle había logrado que su broma alcanzara las más altas esferas de la ciencia de su país a lo largo de cuarenta años. Y eso que el escritor incluyó entre los restos fósiles el pie de un palo de críquet —deporte al que era muy aficionado—, reconvertido en una especie de utensilio primitivo.

98 / 100

LAS CARAS DE BELMEZ

El caso de las Caras de Belmez comenzó en un pueblecito de Jaén, en la sierra Mágina —cuyo nombre completo es Belmez de la Moraleda—, en el verano del año 1971. A partir de enero de 1972, el diario *Pueblo* cubrió la noticia y le dedicó varias primeras planas. El caso lo cubrió como reportero el periodista Antonio Casado. Él no vio fraude, pero las presiones del director del periódico, Emilio Romero, le hicieron picar el «anzuelo» de quienes pretendían tapar el asunto. El plan para lograrlo, instigado por el ministro de la Gobernación de entonces, el obispo de Jaén y la propia esposa de Franco, Carmen Polo, se llamó Operación Tridente. La cuestión era evitar la riada de visitantes a un fenómeno parapsicológico que nada tenía de religioso. Y eso había quienes no lo podían consentir.

Se crearon unas comisiones de expertos con la misión de demostrar —como fuera— que aquello era un fraude. Al fin, dijeron que todo se había hecho con una sustancia a base de sales de plata fotosensibles a la luz ultravioleta, o con extrañas mezclas domésticas (hollín, vinagre y sal común). El párroco de Belmez llegó a afirmar públicamente que la dueña de la casa, María Gómez Cámara —fallecida en 2004—, y unas vecinas le habían confesado que todo era una especie de broma. El único que no se sometió a las presiones fue el alcalde, que sufrió incluso amenazas para que se pronunciara contra las caras y se sumara a la teoría del fraude.

La primera cara apareció en el suelo de la cocina, en la casa de María, en el número 5 de la calle Rodríguez Acosta. Un hijo suyo la picó para quitarla y tapó el hueco con una lechada de cemento. Pero la cara volvió a aparecer, casi exactamente igual, aunque de expresión aún más terrible. El fenómeno se denomina *teleplastia*, y se creyó que desaparecería con María Gómez Cámara. Pero no fue así: las teleplastias siguen ahí.

Para salir de dudas y «demostrar» el fraude, se hizo que tres notarios cerrasen y sellasen la cocina de la casa. Tres meses después, los notarios rompieron los sellos, después de comprobar que todo era correcto. Lo que vieron los dejó atónitos: las caras habían variado. Uno de ellos llegó a reconocer que, en su opinión, el fraude era imposible. Los otros dos callaron.

Un apunte para finalizar: el investigador y pionero de la parapsicología en España, Germán de Argumosa, grabó varias psicofonías allí. La primera fue espeluznante. La transcripción de la voz dice: «¡Es que yo sigo enterrada!»

99 / 100

¿LLEGÓ EL HOMBRE A LA LUNA?

Desde que el 20 de julio de 1969 el hombre pusiera por ver primera el pie en la Luna, no ha dejado de haber voces de lunaescépticos o apoloescépticos que se niegan a creer en ello. El pequeño paso para un hombre sería cierto, en un estudio de televisión, pero el gran paso para la humanidad, una gigantesca falacia. Según estas personas, que suman varios millones sólo en Estados Unidos, las imágenes que dieron la vuelta al mundo se grabaron en la Tierra, y Armstrong y Aldrin nunca hollaron nuestro satélite.

Pero, ¿qué motivos tienen los escépticos para creer que todo fue un montaje? Son varios, principalmente basados en las propias imágenes y fotografías que la NASA difundió de su viaje al satélite. En ellas hay ciertas anomalías que se han calificado de sospechosas como mínimo, por algunos, o incluso de imposibles, por otros. Estas anomalías se dividen en dos categorías, según se refieran a las sombras producidas por los astronautas y objetos, o a la iluminación en sí de éstos. En el caso de las sombras, todas ellas deberían ser paralelas, ya que el único foco de iluminación es el Sol. Sin embargo, hay sombras que forman ángulos bastante pronunciados. La explicación podría ser que la misma NASA realizó montajes fotográficos con fotos auténticas, para hacerlas más vistosas, y lo que provocó fue una oleada de dudas.

En cuanto a la iluminación, podemos ver claramente en las fotos detalles que no deberían verse. Al no haber atmósfera, los contrastes tendrían que ser muy fuertes, incluso a pesar de la reflexión en la superficie lunar, que no es ni mucho menos tan blanca como la apreciamos desde aquí, desde la Tierra. Además, hay marcas de los clichés fotográficos, llamadas *fiduciales*, que deberían estar impresas sobre la imagen, y que en ocasiones están por detrás. Quizá el caso más espectacular sea el de la bandera estadounidense ondeando, cuando en la Luna no hay viento, ya que no existe ninguna clase de atmósfera. Pero esto es un efecto del material semirrígido con que está hecha la bandera.

Pero la «teoría de la conspiración» no queda ahí. También hay quien afirma que el gobierno de Estados Unidos se vio obligado a ocultar información porque allí arriba, en la Luna, había «algo». ¿Qué puede ser ese algo? Queda en el terreno de la especulación. Quizá restos de una antigua civilización alienígena, quizá un platillo volante, puede que una nave espía soviética no tripulada.

100 / 100

LA QUIMÉRICA FUSIÓN FRÍA

La posibilidad de reproducir el proceso de fusión nuclear, a temperaturas normales para nosotros, es una quimera a la que muchos científicos han sacrificado sus mentes. La verdad es que conseguir la «fusión fría» acabaría con nuestros problemas energéticos de una vez por todas y para siempre, por lo que resulta lógico que el tema interese. Pero una cosa es que interese y otra muy distinta que sea posible.

En 1989 dos científicos anunciaron que había logrado la fusión fría en su laboratorio. Eran dos químicos de la Universidad de Utah, Martin Fleischmann y Stanley Pons. Como es natural, la comunidad científica se mostró escéptica, ya que el proceso que siguieron los supuestos descubridores era conocido y no podía generar más que una mínima cantidad de energía, poco menos que despreciable.

Según Fleischmann y Pons, era posible provocar la fusión nuclear sin las altísimas temperaturas —superiores al millón de grados centígrados— que induce la reacción en, por ejemplo, el Sol. Los dos químicos empleaban una celda electrolítica de agua pesada, sales y un par de electrodos. Éstos eran dos varillas de metal, una de titanio o paladio (que consumen el hidrógeno) y la otra de cualquier otra clase de metal.

Muchos laboratorios del mundo trataron de reproducir el descubrimiento de Fleischmann y Pons sin resultados positivos. Se demostró que no funcionaba y que todo era un fraude. Quizá los dos químicos de Salt Lake City no fueron conscientes del engaño, que se atribuye a un colaborador suyo, pero la realidad desbarataba la fusión fría con total claridad.

Las pruebas y la investigación del hecho dieron luz sobre los motivos del fraude. Todo fue una gran maniobra económica para obtener fondos de investigación de los organismos oficiales: la Universidad de Utah obtuvo cinco millones de dólares que ya nunca pudieron ser totalmente recuperados.